KB117511

나혼자 끝내는
중학 영문법

나혼자 끝내는 중학 영문법

지은이 유원호
펴낸이 임상진
펴낸곳 넥서스

초판 1쇄 발행 2020년 4월 24일
초판 6쇄 발행 2024년 4월 20일

출판신고 1992년 4월 3일 제311-2002-2호
10880 경기도 파주시 지목로 5
Tel (02)330-5500 Fax (02)330-5555
ISBN 979-11-6165-967-1 53740

www.nexusbook.com

중학필수영문법을 한권에 총정리

나혼자
끝내는
중학영문법

유원호 지음

넥서스

초등영어와 중등영어의
가장 큰 차이점은 문법입니다.

초등영어와 중등영어의 가장 큰 차이점은 문법입니다. 초등학교에서는 영어를 듣기와 말하기를 강조하는 음성언어로 가르칩니다. 하지만 중학교부터는 영어가 완전히 다른 과목이 됩니다. 읽기와 쓰기가 강조되는 문자언어로 가르치기 때문이죠. 올바른 문법 지식은 수준 높은 읽기와 쓰기를 위한 필수요소입니다. 그래서 중학교 때는 문법의 기초를 다지는 데 노력을 기울여야 합니다.

초등학교 때에는 영어를 좋아하던 학생이 중학교에서 영어를 싫어하게 되는 이유도 바로 문법 때문입니다. 듣기와 말하기를 잘하는 학생도 문법 시험 문제를 계속 틀리면 영어에 대한 흥미를 잃고 맙니다. 이런 중요한 시기에 영문법을 자세한 설명 없이 수학 공식처럼 외우게 하는 책들로 공부하니 문법이 재미없고 어렵게만 느껴질 수밖에 없겠죠. 영문법은 처음부터 원리를 이해하는 것이 중요합니다.

중학교 교과서는 보통 5년을 주기로 바뀝니다. 단원의 수와 체제가 바뀌고, 모든 읽기 지문은 더욱 참신한 소재를 다루는 내용으로 바뀝니다. 하지만 변하지 않는 것이 있습니다. 바로 각 학년에서 다루는 문법 사항이죠. 매번 10종 이상의 교과서가 출판되고 각 출판사의 저자도 바뀌지만 각 학년에서 다루는 문법 사항은 거의 변하지 않습니다.

이 책은 제가 지난 2009 개정 교육과정과 2015 개정 교육과정 중학교 교과서를
집필한 경험을 바탕으로 쓴 문법책입니다. 시중에 출판된 모든 교과서의 문법 요
소를 정리하고 비교하여 각 학년에서 다뤄지는 문법을 중학생들이 알기 쉽게 설명
하였으며, 예문은 모두 교육부에서 제시한 "기본 어휘 목록"에 포함된 단어만으로
구성하였습니다.

Part 1, Part 2, Part 3에서 각각 중1, 중2, 중3 교과서에서 다뤄지는 문법을 정리하
였고, 각 Part의 문법 사항들도 교과서에서 다뤄지는 순서를 따르고 있습니다. 문
법이 마냥 어려웠던 학생들도 이 책을 통해 문법에 흥미를 갖게 될 것이고, 내신
성적이 향상하는 기쁨도 느낄 수 있을 것입니다. 이 책은 또한 중학교 영문법부터
다시 시작하고 싶은 초보 영어 학습자에게도 꼭 필요한 책이 될 것이라고 확신합
니다.

끝으로, 이 책이 출판될 수 있도록 도와주신 분들께 감사의 마음을 전합니다. 연습
문제 작성과 원고 교정에 도움을 주신 이영은 선생님, 저의 끝없는 질문에 항상 친
절하게 답해주신 Greg Willers, Michael Barrie 교수님. 그리고 언제나 믿음으로
지지해주시는 넥서스 출판사 관계자 여러분. 진심으로 감사드립니다.

저자 **유원호**

중학교과과정에 맞춘 목차 구성

시중에 출판된 모든 중1 ~ 중3 교과서의 문법 요소를 정리하고 비교하여 각 학년에서 다뤄지는 문법을 학생들이 알기 쉽게 설명하였으며, 중1, 중2, 중3 교과서에서 다뤄지는 문법을 정리하였고, 각 Part의 문법 사항들도 교과서에서 다뤄지는 순서를 따르고 있습니다.

Lesson

LESSON 10

동명사와 to부정사 I

배운 내용을 복습해보세요! 1회□ 2회□ 3회□

A 동명사란 무엇인가?

동사는 주어로 사용될 수 없습니다. 명사또는 명사로 사용될 수 있는 것들)만 주어로 사용될 수 있죠. 동사를 주어 자리에 사용하려면 동사에 -ing를 붙이면 됩니다.

① Play basketball is fun. ➡ **Playing basketball** is fun.
농구하는 것은 재미있어.

Playing과 같은 단어를 '동명사'라고 합니다. 원래는 동사인데 -ing를 붙여서 명사로 사용하기 때문에 붙여진 이름이죠. 그럼 "나는 농구하는 것을 좋아해."는 영어로 어떻게 말할까요? 목적어 자리에도 명사가 사용되어야 하니 동명사 playing을 사용하면 됩니다.

동명사
동사원형 + -ing
명사로 사용되는 동사 형태

② I like play basketball. ➡ I like **playing basketball**.
나는 농구하는 것을 좋아해.

■ 동명사와 현재분사 구분법

동명사는 Lesson 9에서 배운 현재분사와 생김새가 같습니다. 그럼 동명사와 현재분사를 어떻게 구분할까요? ②과 ③에서처럼 '~하는 것'으로 해석이 되면 동명사이고, ③에서처럼 '~하는 중'으로 해석이 되면 현재분사입니다.

③ He is playing basketball.
그는 농구하는 중이야.

동명사 외에 동사를 주어 자리에 사용하는 또 하나의 방법은 ④에서처럼 동사 앞에 to를 붙이는 것입니다. (하지만 구어체에서는 잘 사용되지 않는 용법입니다. 이유는 Lesson 11에서 설명하겠습니다.)

④ `Play basketball` is fun. ➡ **To play basketball** is fun.
농구하는 것은 재미있어.

B to부정사란 무엇인가?

To play처럼 'to + 동사원형'의 형태를 가진 것을 to부정사라고 합니다. 명사로만 사용되는 동명사와 달리 to부정사는 **명사, 형용사, 부사**로 사용될 수 있습니다.

⑤ I like **to play** basketball. ☜ 동사 like의 목적어로 사용된 명사 역할
나는 농구하는 것을 좋아해.

⑥ I don't have time **to play** basketball. ☜ 명사 time을 꾸며주는 형용사 역할
나는 농구 할 시간이 없어.

⑦ I go to the gym **to play** basketball. ☜ 동사구 'go to the gym'을 꾸며주는 부사 역할
나는 농구를 하러고 체육관에 가.

'부정사'라는 이름이 ⑤~⑥에서처럼 용법이 정해지지 않아서 붙여진 것으로 생각하는 학생들이 많습니다. 그런데 '부정사(infinitive)'란 '형태가 정해져 있지 않은 단어'라는 뜻입니다. 'to + 동사원형'에서는 동사의 형태가 정해지지 않았으므로 'to부정사'라고 하는 것이죠. (형태가 정해진 동사의 예는 과거형 played와 3인칭 단수 현재형 plays입니다.

to부정사
to + 동사원형
명사, 형용사 또는 부사의 역할

ⓒ Check Point

▶ to부정사와 동명사는 단수 취급

to부정사와 동명사는 주어로도 쓰일 수 있는데 이때 이 둘은 모두 단수 취급합니다. (단, to부정사나 동명사 2개 이상 나올 경우에는 복수 취급합니다만 이는 주의해야 합니다.)

• Playing basketball is fun. • To play basketball is fun.

키포인트 요약 정리

학습한 내용을 한 번에 정리할 수 있도록 핵심 포인트 부분을 요약해서 정리하였습니다. 해당 부분만 봐도 바로 찾아서 쉽게 복습이 가능합니다.

중등 필수 어휘만으로 구성된 예문

예문은 모두 교육부에서 제시한 "기본 어휘 목록"에 포함된 단어만으로 구성하였습니다. 추가적으로 학습이 가능하도록 단어를 정리한 핵심 단어장 파일을 다운로드받을 수 있습니다.

무료 다운로드 **www.nexusbook.com**

추가 내용 학습을 위한 체크 포인트

본문 내용과 연계하여 추가로 알아두어야 할 내용을 수록하였습니다.
부족한 부분을 보강하고 배운 내용을 다시 정리할 수도 있습니다.

Review Test

Review Test 01 고르기

각 문장의 밑줄 친 단어가 동명사인지 현재분사인

1 He is <u>revising</u> his paper.

2 Thank you for <u>helping</u> me.

3 The girl is <u>shaking</u> her head.

4 They are <u>walking</u> on the beach.

5 My hobby is <u>reading</u> newspaper.

6 Joseph enjoys <u>tasting</u> several wines

7 The troops are <u>waiting</u> for the order

8 Do you like <u>listening</u> to classical mu

50

Review Test 02 문장 만들기
정답 P. 9

보기처럼 주어진 단어를 모두 사용하여 해석에 맞는 문장을 적어보세요.

〈보기〉
selling / Jaden / is / juice / money / to / make
제이든은 돈을 벌기 위해 주스를 팔고 있다.
Jaden is selling juice to make money.

1 we / to / play / soccer / love
_____ 우리는 축구를 좋아한다.

2 in Seoul / living / they / enjoy
_____ 그들은 서울에서 사는 것을 즐긴다.

3 I / working / love / with / my boss
_____ 나는 내 상사와 일하는 것을 좋아한다.

4 running / good / is / for / your health
_____ 달리기는 너의 건강에 좋다.

5 she / bought / to / make / strawberries / a cake
_____ 그녀는 케이크를 만들기 위해 딸기를 샀다.

6 of the two tribes / experts / urging / the unity / are
_____ 전문가들은 두 부족의 단결을 촉구하는 중이다.

7 English / Korean / his job / into / is / translate / to
_____ 그의 직업은 한국어를 영어로 번역하는 것이다.

Lesson 10 ▶ 연습문제 **51**

리뷰 테스트를 통한 복습

각 레슨마다 리뷰 테스트를 수록하여
문제 풀이를 통해 복습을 할 수 있습니다.
핵심 포인트 내용을 복습하며
내신 대비까지 가능합니다.

본문에서 사용된 아래 기호는 다음과 같은 의미입니다.
? 문법적으로 어색한 문장을 의미합니다.
* 문법적으로 틀린 문장을 의미합니다.

Contents

PART 2　중학교 2학년 문법

PART 3　중학교 3학년 문법

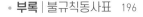

PART

01

중학교 1학년 문법

개념 정리부터
시작해 볼까요?

LESSON 01 단어의 종류

A 품사란 무엇인가?

문법 공부는 '**품사(=단어의 종류)**'를 익히는 것에서 시작합니다. '명사', '동사', '형용사', '부사'와 같은 단어를 들어본 적 있나요? 이렇게 '−사'로 끝나는 단어들이 모두 품사입니다. 새로운 단어를 공부할 때에는 '**명사, 동사, 형용사, 부사**'를 모두 한꺼번에 외우는 것이 좋습니다. 예를 들어 명사 success(성공)을 외울 때 아래와 같이 품사는 다르지만 비슷한 뜻을 가지는 동사, 형용사, 부사도 함께 외우는 것이 좋죠. 이런 것을 '**단어족(word family)**'이라고 합니다.

• 단어족의 예

명사	동사	형용사	부사
success	succeed	successful	successfully

B 의미어와 기능어

품사는 의미어와 기능어로 나눌 수 있습니다. **단어족을 이루는 명사, 동사, 형용사, 부사는 모두 '의미어'입니다.** 문장에서 중요한 의미를 전달하기 때문에 붙여진 이름이죠. 영어에는 총 9개의 품사가 있는데 우선 이 네 개의 품사를 아는 것이 중요합니다.

• 의미어의 종류

	간단한 정의	예
명사	사물의 이름	car, book, milk
동사	동작(또는 상태)을 나타내는 단어	eat, play, love
형용사	명사를 수식하는 단어	big, deep, funny
부사	동사를 수식하는 단어	soon, really, happily

의미를 전달하지 않고 문법적인 기능을 수행하는 품사는 '기능어'라고 합니다. **기능어에는 '대명사, 접속사, 전치사, 한정사'가 있습니다.**

• 기능어의 종류

	간단한 정의	예
접속사	연결해 주는 단어	and, but, or
대명사	명사를 대신하는 단어	I, you, they
한정사	명사의 수량·범위를 한정하는 단어	a(n), the, many
전치사	명사 앞에 위치하는 단어	in, at, on

🔖 까다로운 한정사

기능어 중 한정사가 가장 이해하기 까다롭습니다. 우선은 관사 a(n), the가 한정사의 한 종류라고만 알고 있으면 됩니다. 의미어와 기능어를 종합해서 나열하면 다음과 같습니다. 각각 4개의 품사로 이루어져 있죠.

의미어	기능어
명사, 동사, 형용사, 부사	접속사, 대명사, 한정사, 전치사

🔖 감탄사

영어의 9번째 품사인 '감탄사'는 의미어도 기능어도 아닙니다. wow, oops, ouch 같이 감정을 나타내는 단어를 감탄사라고 하는데, 별 의미도 없고 문법적인 기능을 담당하지도 않기 때문이죠.

복잡해 보이던 영어의 품사도 의미어와 기능어로 나눠서 공부하면 좀 더 쉬워집니다. 그리고 각 품사의 앞글자를 따서 영어의 9품사를 다음과 같이 외워보는 건 어떨까요?

명동에서 형부가 접대한 전을 먹고 감탄했어!

정답 P. 1

✏️ 보기처럼 각 문장을 구성하는 단어의 품사를 적어보세요.

보기

I	play	the	piano.	나는 피아노를 친다.
대명사	동사	한정사	명사	

1 She is cute.   그녀는 귀엽다.

2 Dad is busy.   아빠는 바쁘다.

3 I am in the room.   나는 방에 있다.

4 It was a sad story.   그것은 슬픈 이야기였다.

5 You are a good cook.   너는 훌륭한 요리사이다.

정답 P. 1

✏️ 보기처럼 각 문장을 구성하는 단어의 품사를 적어보세요.

<table>
<tr><td>보기</td><td colspan="2"></td></tr>
</table>

보기

They   go   to   school   early.   그들은 일찍 학교에 간다.
대명사   동사   전치사   명사   부사

---

1   Wow!   This   smells   bad.   와! 이거 냄새 나빠.

2   He   really   likes   history.   그는 역사를 매우 좋아한다.

3   The   book   is   very   interesting.   그 책은 매우 흥미로워.

4   A   cat   is   on   the   table.   고양이 한 마리가 테이블 위에 있다.

5   I   had   milk   and   cookies   yesterday.   나는 어제 우유와 쿠키를 먹었어.

LESSON 02 문장의 요소

A 문장의 구성 요소

문장은 '문장의 요소(=문장을 구성하는 데 필요한 것)'로 이루어져 있습니다. 품사와 달리 문장의 요소는 각 단어가 문장에서 어떤 역할을 하느냐에 따라 결정됩니다. 예를 들어볼까요?

① I love you.　　　　나는 너를 사랑해.

I와 you는 모두 대명사입니다. 그런데 **①**에서 I와 you가 하는 역할이 다릅니다. I는 '주어(=동사의 주체가 되는 단어)'의 역할을 하고 you는 '목적어(=동사의 대상이 되는 단어)'의 역할을 합니다. 주어와 목적어의 차이를 간단히 설명하면, 한국어로 했을 때 '～은(는), ～이(가)'가 붙는 단어가 주어이고 '～을(를)'이 붙는 단어가 목적어입니다.

주어	목적어
동사의 주체가 되는 단어 = '～은(는), ～이(가)'	**동사의 대상이 되는 단어** = '～을(를)'

그럼 다음 문장에서 happy는 어떤 역할을 할까요? 해석에 '～은(는), ～이(가)' 또는 '～을(를)'이 붙지 않으므로 주어나 목적어는 아니겠죠.

② I am happy.　　　　나는 행복해.

②에서 happy는 주어의 의미를 보충 설명해주는 역할을 합니다. 이런 단어를 '보어'라고 합니다. am에는 특별한 뜻이 없어서 주어가 무엇을 했는지(또는 어떤 상태인지) 전혀 알 수 없습니다. 따라서 보어가 필요한 것이죠.

보어
보충 설명해주는 단어 = 문장의 의미를 완성하는 말

16

영어에는 주어, 목적어, 보어에 동사를 더해 총 네 가지의 문장 요소가 있습니다.

> **영어의 문장 요소**
> **주어, 목적어, 보어, 동사**

---- **B** **주어와 술부**

그런데 뭔가 좀 이상하지 않나요? 왜 '동사'는 품사도 되고 문장 요소도 될까요? 원래 품사는 모두 '－사'로 끝나고, 문장요소는 모두 '－어'로 끝나는 것이 정상입니다. 따라서 동사 대신 '서술어'라는 용어를 사용하는 것이 정상이겠죠.

영문법에서 서술어라는 용어를 사용하지 않는 이유는 영어에서는 동사만이 서술어로 사용될 수 있기 때문입니다. 반면에, 한국어 문법에서는 형용사, 동사, 서술격 조사 등이 서술어로 사용될 수 있으므로 서술어라는 용어를 사용하는 것이죠.

영문법에서는 가끔 '술부(=predicate)'라는 용어를 사용하는데 **술부란 주어를 제외한 '동사, 동사+목적어, 동사+보어' 또는 '동사+부사구'를 모두 일컫는 말입니다.**

주어	술부
I	love you. (=동사+목적어)
I	am happy. (=동사+보어)

그럼 위 표에서는 주어 대신 '주부+술부'로 나누는 게 더 정확하지 않을까요? 네, 맞습니다. 그래서 '주부'라는 용어를 사용하는 문법책도 있죠. 하지만 주부에는 주어만 있으므로 굳이 다른 용어를 사용할 필요가 없습니다. 영문법에서 서술어라는 용어를 사용하지 않는 것과 같은 이치죠.

정답 P. 1

✏️ 다음 문장의 내용이 맞으면 O, 틀리면 X에 표시한 후, 틀린 문장은 맞게 고쳐보세요.

1 영어의 문장 요소에는 주어, 동사, 목적어, 보어가 있다.　　O　　X

2 영문법에서는 서술어라는 용어를 사용하지 않는다.　　O　　X

3 you는 대명사이므로 주어로만 사용될 수 있다.　　O　　X

4 문장의 요소는 단어의 역할에 의해 결정된다.　　O　　X

5 "I am sad."에서 sad는 목적어의 역할을 한다.　　O　　X

6 보충 설명해주는 단어를 보어라고 한다.　　O　　X

7 주어는 '~을(를)'로 해석되는 단어이다.　　O　　X

8 술부는 항상 동사를 포함한다.　　O　　X

✎ 보기처럼 주어는 세모 △, 목적어는 동그라미 ○, 보어는 네모 □로 표시해보세요.

보기

△I like ○her.　　　나는 그녀를 좋아해.

1　I like math.　　　나는 수학을 좋아해.

2　I am nervous.　　　나 긴장돼.

3　Emma is kind.　　　엠마는 친절해.

4　He has two cats.　　　그는 두 마리의 고양이를 키운다.

5　We love Korean food.　　　우리는 한식을 아주 좋아한다.

6　My mother is a doctor.　　　우리 엄마는 의사이다.

7　She is a famous singer.　　　그녀는 유명한 가수이다.

8　Sarah and Tony are twins.　　　사라와 토니는 쌍둥이야.

LESSON 03 be동사

A be동사란 무엇인가?

영어에서 가장 기본이 되는 동사는 be동사입니다. 한국어로는 '～이다'로 해석되죠. be동사에는 총 다섯 개(am, are, is, was, were)의 형태가 있는데 인칭, 수, 시제에 따라 형태가 바뀝니다.

			현재시제	과거시제
1인칭	단수	I	am	was
	복수	we	are	were
2인칭	단·복수	you	are	were
3인칭	단수	he/she/it	is	was
	복수	they	are	were

B be동사의 특징

be동사의 가장 큰 특징은 보어와 결합한다는 것입니다. 보어로 사용되는 품사는 주로 형용사와 명사입니다.

① The sky is blue.
　　　　　보어로 사용된 형용사

하늘이 푸르다.

② I am Jaden.
　　　보어로 사용된 명사

난 제이든이야.

be동사 + 보어
보어 = 형용사 또는 명사

대부분의 부사는 보어로 사용되지 않습니다.

③ We are <u>happy</u>.   우리는 행복해.
     형용사

④ *We are <u>happily</u>.   (* = 틀린 문장)
     부사

happily와 같은 부사는 be동사가 아닌 다른 동사를 꾸며줄 때 사용되죠.

⑤ She sang <u>happily</u>.   그녀는 행복하게 노래를 불렀어.
        sang을 꾸며주는 부사

하지만 시간(soon, yesterday 등) 또는 장소(here, home 등)를 나타내는 부사는 보어로 사용될 수 있습니다.

⑥ That is too <u>soon</u>.   그건 너무 일러.
             시간 부사

⑦ My brother is <u>here</u>.   내 동생이 여기 있어.
                장소 부사

 **Check Point**

▶ 〈주어+be동사〉의 축약

주어가 대명사인 경우에는 〈주어+be동사〉의 축약이 가능하여 I'm / we're / you're / she's / he's / it's / they're의 형태로 쓸 수 있습니다.

- <u>I am</u> Jaden. ➡ <u>I'm</u> Jaden.
- <u>We are</u> happy. ➡ <u>We're</u> happy.

정답 P. 1

✏️ 다음 문장에 사용된 **be**동사를 수, 인칭, 시제에 맞게 올바르게 고쳐보세요.

1   We is from Korea.   우리는 한국에서 왔다.

2   That hat are brown.   그 모자는 갈색이다.

3   The puppy am cute.   그 강아지는 귀여워.

4   Brian are my friend.   브라이언은 나의 친구이다.

5   He were a baseball player.   그는 야구선수였다.

6   I were sick on the weekend.   나는 주말에 아팠다.

7   She was an American citizen.   그녀는 미국 시민이다.

8   Morgan and Tom was in the theater.   모건과 톰은 극장에 있었다.

괄호 안의 단어 중 알맞은 단어를 찾아 동그라미를 하세요.

1 I am (hungry, hungrily).

배고파.

2 We are (ready, readily) to start.

우리는 시작할 준비가 됐어.

3 You should act (natural, naturally).

자연스럽게 행동해야 해.

4 The lady danced (elegant, elegantly).

그 숙녀는 우아하게 춤을 췄다.

5 They lived (happily, happy) ever after.

그들은 그 후 쭉 행복하게 살았습니다.

6 The garden was very (beautiful, beautifully).

그 정원은 매우 아름다웠어.

7 This is not the (primary, primarily) problem.

이게 주된 문제가 아니야.

8 He is (healthy, healthily) enough to become a soldier.

그는 군인이 될 만큼 건강하다.

LESSON 04 동사의 활용(현재/과거시제)

 A 동사의 활용(현재시제)

Lesson 3에서 be동사는 인칭, 수, 시제에 따라 형태가 바뀐다고 배웠습니다. be동사만큼 복잡하진 않지만 다른 동사도 형태가 변합니다. 다음 두 문장의 동사를 비교해 볼까요?

① I <u>play</u> basketball every day.   나는 매일 농구를 해.

② He <u>plays</u> basketball every day.   그는 매일 농구를 해.

①에서는 play가 사용되었는데 ②에서는 play뒤에 '-s'가 붙은 plays가 사용되었습니다. 이렇게 동사의 어미(끝 부분)를 변형시키는 것을 '동사의 활용'이라고 합니다.

> **동사의 활용 = 동사의 어미를 변형시키는 것**

영어에서는 주어가 3인칭 단수(he/she/it)이고 시제가 현재일 때는 동사 어미에 '-s'를 붙여야 합니다.

인칭	수	시제
1인칭 = 나 2인칭 = 너 3인칭 = 나머지	단수 = 하나 복수 = 여러 개	과거 현재 미래

그럼 왜 ③에서는 동사 끝에 '-es'를 붙였을까요?

③ He <u>teaches</u> at Sogang University.   그는 서강대학교에서 가르쳐.

teach가 '-ch'로 끝났기 때문입니다. '-s, -z, -sh, -ch, -x'로 끝나는 동사 뒤에는 '-es'를 붙여야 합니다.

> **3인칭 단수 현재시제 = 동사원형 + -(e)s**

24

B 동사의 활용(과거시제)

과거시제는 동사에 -ed만 붙이면 됩니다.

④ I play<u>ed</u> basketball yesterday. 나는 어제 농구했어.

주어가 3인칭 단수일 때도 –ed만 붙이면 됩니다. 아주 쉽죠.

⑤ She play<u>ed</u> basketball yesterday. 그녀는 어제 농구했어.

이렇게 –ed만 붙이는 동사를 '규칙동사'라고 합니다.

규칙동사의 과거시제 = 동사원형 + -ed

그런데 모든 동사에 –ed를 붙일 수 있는 것은 아닙니다. do의 과거형은 doed가 아니고 did입니다.

⑥ I <u>did</u> my homework yesterday. 나는 어제 숙제를 했어.
    do의 과거형

⑦ You <u>came</u> home early yesterday. 너는 어제 일찍 집에 왔지.
    come의 과거형

⑧ She <u>saw</u> a movie yesterday. 그녀는 어제 영화를 봤어.
    see의 과거형

⑨ They <u>made</u> cookies yesterday. 그들은 어제 쿠키를 만들었어.
    make의 과거형

do, come, see, make처럼 –ed를 붙이지 않고 과거형을 만드는 동사를 '불규칙 동사'라고 합니다.
안타깝게도 불규칙동사는 외우는 수밖에 없습니다. (부록 참고)

✏️ 각 문장의 빈칸에 들어갈 올바른 동사를 고르세요.

1   Farmers _____ crops.   **1** harvest   **2** harvests
농부들은 작물을 수확한다.

2   It _____ electric shocks.   **1** prevent   **2** prevents
이것은 감전을 방지한다.

3   She _____ warm clothes.   **1** need   **2** needs
그녀는 따뜻한 옷이 필요하다.

4   We _____ basketball together.   **1** play   **2** plays
우리는 함께 농구를 한다.

5   A lot of people _____ in God.   **1** believe   **2** believes
많은 사람이 신을 믿는다.

6   All children _____ Santa Claus.   **1** like   **2** likes
모든 아이들은 산타클로스를 좋아한다.

7   They _____ peace in their country. **1** want   **2** wants
그들은 조국의 평화를 원한다.

8   He _____ every Sunday.   **1** preachs   **2** preaches
그는 매주 일요일에 설교한다.

✏️ 다음 문장이 문법적으로 맞으면 O, 틀리면 X에 표시한 후, 틀린 문장은 문법에 맞게 고쳐보세요.

1 I lie to you yesterday.　　O　　X

나는 어제 너에게 거짓말했어.

2 She saw ants in the kitchen.　　O　　X

그녀는 부엌에서 개미를 봤다.

3 Jack read five books last month.　　O　　X

잭은 지난달에 다섯 권의 책을 읽었다.

4 Sofia learn this dance last week.　　O　　X

소피아는 이 춤을 지난주에 배웠다.

5 She went to three different banks.　　O　　X

그녀는 세 곳의 다른 은행에 갔었다.

6 Benjamin come to Korea last year.　　O　　X

벤자민은 작년에 한국에 왔다.

7 Michael played the same song 20 times.　　O　　X

마이클은 같은 곡을 20번 연주했다.

8 The patient died on the way to the hospital.　　O　　X

그 환자는 병원으로 가는 도중에 죽었다.

명령문

A 명령문이란 무엇인가?

영어에서 가장 간단한 문장은 '명령문'입니다. 주어 없이 동사 하나만으로 문장이 성립될 수 있기 때문이죠. 명령문은 보통 상대방에게 요청, 경고, 조언 등을 할 때 사용하며, '~해라'는 의미가 됩니다.

1 Go.　　　　　가.

보통은 **1**처럼 주어 You를 생략하는데 "네가 가!"라고 말하려면 **2**처럼 You를 사용해서 명령문을 만듭니다. 이때는 You에 강세를 줍니다.

2 You go.　　　네가 가.(너나 가.)

그럼 다음 문장을 명령문으로 하면 어떻게 될까요?

3 She plays basketball every day.　　　그녀는 매일 농구를 한다.

명령문의 주어는 항상 You이므로 3인칭 단수 현재형인 -s를 붙일 필요가 없습니다. 그래서 동사 원형으로 시작하면 됩니다.

4 *Plays basketball every day.　➡　Play basketball every day.
　　　　　　　　　　　　　　　　　　　　매일 농구를 해라.

📑 동사원형으로 시작하는 명령문

명령문에서는 항상 동사원형을 사용해야 합니다. 따라서 am, are, is, was, were는 모두 명령문에서 be로 바뀌어야 하죠.

⑤ *Are quiet.   ➡   <u>Be</u> quiet.
조용히 해.

명령문 = (You) + 동사원형

B 부정명령문

'~하지 마라'라는 의미의 부정명령문은 앞에 Don't을 쓰고 이후에 동사원형을 쓰면 됩니다.

⑥ <u>Don't be</u> late for school.   학교에 늦지 마.

Don't 대신에 Never를 써서 표현할 수도 있습니다.

⑦ <u>Never be</u> late for school.   학교에 늦지 마.

Check Point

▶ 공손한 표현의 명령문

명령문으로 말할 때 부탁을 하는 상황에서 좀 더 공손한 표현으로 말하고 싶다면 문장 앞이나 뒤에 please를 붙이면 됩니다.

- <u>Be quiet, please</u>. 조용히 하세요.
- <u>Please</u> don't talk during class. 수업 중에 떠들지 마세요.

정답 P. 2

✏️ 빈칸에 들어갈 알맞은 단어를 골라 해석에 맞게 명령문을 완성하세요.

1 _____ down.

① Sits　　② Sit

앉아.

2 _____ speak.

① You　　② They

네가 말해라.

3 _____ careful.

① Are　　② Be

조심해.

4 _____ your teeth.

① Brushes　　② Brush

이를 닦아라.

5 _____ stop smoking.

① You　　② We

담배 좀 끊어.

6 _____ this by tomorrow.

① Finishes　　② Finish

내일까지 이걸 끝내라.

7 _____ nice to your sister.

① Are　　② Be

누나한테 잘해라.

8 _____ the door when you go out.

① Lock　　② Locks

외출할 때 문을 잠가라.

🖊 [보기]의 단어 중 알맞은 단어를 사용하여 해석에 맞게 명령문을 완성하세요.

보기

> fastens, answer, stand, is, listen, we, fasten, do, they, does,
> get, got, stands, listens, you, answered, be, eat, gets

1 _____ up.   일어서.

2 _____ happy.   행복해라.

3 _____ carefully.   주의 깊게 들어.

4 _____ the phone.   전화 좀 받아.

5 _____ your seatbelt.   안전벨트를 매라.

6 _____ your homework.   숙제나 해라.

7 _____ close the window.   네가 창문 닫아.

8 _____ out of the building.   건물에서 나와.

LESSON 06 부정문

A **be동사 부정문**

be동사가 사용된 문장을 부정문으로 바꾸려면 be동사 뒤에 not(또는 no)만 붙이면 됩니다. **①**에서처럼 be동사 뒤에 형용사(또는 시간·장소 부사)가 사용되었을 때는 no를 사용할 수 없습니다.

① I am hungry.   ➡   ⓐ I am <u>not</u> hungry.
난 배고파.   난 배고프지 않아.

                          ⓑ *I am <u>no</u> hungry.

②와 **③**에서처럼 주로 일상 대화에서 사용되는 no good과 no different는 예외적인 관용 표현으로 허용되는 것입니다.

② He is <u>no</u> good.
그는 좋지 않아.

③ You and I are <u>no</u> different.
너와 나는 다르지 않아.

④에서처럼 be동사 뒤에 명사가 사용되었을 때는 not과 no가 모두 가능합니다. 하지만 의미가 좀 달라지죠.

④ This is milk.   ➡   ⓐ This is <u>not</u> milk.
이건 우유야.   이건 우유가 아니야.

                          ⓑ This is <u>no</u> milk.
                            이건 우유도 아니야.
                            (=우유이긴 한데 전혀 우유 같지 않아.)

be동사 부정문

ⓐ 주어 + be동사 + not + 형용사

ⓑ 주어 + be동사 + not/no + 명사

--- B 일반동사 부정문

일반동사가 사용된 문장을 부정문으로 만드는 것은 좀 더 복잡합니다. ⑤에서처럼 do와 not을 함께 사용해야 하죠.

⑤ I play basketball every day. ⇒ I do not play basketball every day.
그 나는 농구를 매일 하지 않아.

그럼 ⑥은 ⑤와 어떤 점이 다를까요?

⑥ He plays basketball every day. ⇒ He does not play basketball every day.
그는 농구를 매일 하지 않아.

⑥에서는 do의 3인칭 단수 현재형인 does가 사용되었습니다. 그리고 plays는 동사원형인 play로 바뀝니다. does가 이미 3인칭 단수 현재를 나타내므로 −s가 필요 없어진 것이죠. ⑦에서처럼 동사가 과거시제일 때는 do의 과거시제인 did를 사용해야 합니다. not 뒤에는 ⑥과 마찬가지로 동사원형인 play를 사용해야 하죠.

⑦ She played basketball yesterday. ⇒ She did not play basketball yesterday.
그녀는 어제 농구를 하지 않았어.

일반동사 부정문

주어 + do/does/did + not + 동사원형

🖊 다음 문장이 문법적으로 맞으면 ○, 틀리면 X에 표시한 후, 틀린 문장은 문법에 맞게 고쳐보세요.

1 This is no a luxury car.　　　　　　　　○　　　X

　　이건 고급 차도 아니야.

2 It is not the best solution.　　　　　　　○　　　X

　　그것은 최선의 해결책이 아니다.

3 She does not make mistakes.　　　　　○　　　X

　　그녀는 실수하지 않는다.

4 They does not fight every day.　　　　○　　　X

　　그들은 매일 싸우지 않는다.

5 I did not panic at the rehearsal.　　　○　　　X

　　나는 예행연습에서 당황하지 않았다.

6 That lawyer not defends criminals.　　○　　　X

　　그 변호사는 범죄자를 변호하지 않는다.

7 The man did not commits suicide.　　○　　　X

　　그 남자는 자살하지 않았다.

8 Henry do not study for his history test.　　○　　　X

　　헨리는 역사시험 공부를 하지 않았다.

정답 P. 2

✏️ 각 문장을 동사의 형태에 주의하며 부정문으로 바꿔보세요.

1 She is pregnant.

_____ 그녀는 임신 중이 아니다.

2 They are engineers.

_____ 그들은 엔지니어가 아니다.

3 He is a police officer.

_____ 그는 경찰관이 아니다.

4 I climbed that mountain.

_____ 나는 저 산을 오르지 않았다.

5 Athena prepared the survey.

_____ 아테나는 설문 조사를 준비하지 않았다.

6 We remember the restaurant.

_____ 우리는 그 식당을 기억하지 못한다.

7 This monkey has a very long tail.

_____ 이 원숭이는 아주 긴 꼬리를 가지고 있지 않다.

8 Jaden knows how to use the microwave.

_____ 제이든은 전자레인지 사용법을 모른다.

의문문

A be동사 의문문

be동사가 사용된 문장을 의문문으로 만들려면 주어와 be동사의 위치만 바꾸면 됩니다. 이렇게 위치를 바꾸는 것을 '도치'라고 합니다.

❶ This book is interesting. ➡ Is this book interesting?
이 책 재밌어?

> **be동사 의문문**
> **be동사 + 주어**

B 일반동사 의문문

일반동사가 사용된 문장의 의문문에는 부정문과 마찬가지로 do/does/did가 사용됩니다. ❶에서 be동사가 의문문에서는 주어 앞에 사용된 것처럼 do/does/did도 의문문에서는 주어 앞에 사용되어야 합니다.

❷ Do I play basketball every day?
내가 매일 농구를 하냐고?

❸ Does he play basketball every day?
그는 매일 농구를 해?

❹ Did she play basketball yesterday?
그녀는 어제 농구를 했어?

> **일반동사 의문문**
> **Do/Does/Did + 주어 + 동사원형**

C Wh-의문문

①~④의 공통점은 모두 Yes 또는 No로 대답할 수 있다는 것입니다. 이런 의문문들은 Yes/No 의문문이라고 합니다. 반면에 ⑤에서처럼 의문사(who, where, what, why, how 등)가 포함된 의문문은 Yes 또는 No로 대답을 할 수가 없죠.

⑤ **Jaden** is smart. ➡ **Who** is smart?
제이든은 똑똑해.   누가 똑똑해?

이처럼 의문사가 포함된 의문문은 Wh-의문문이라고 합니다. (대부분의 의문사가 Wh로 시작하기 때문이죠.) Wh-의문문의 특징은 의문사로 시작한다는 것입니다. ⑤에서처럼 주어를 의문사로 바꿀 때는 어순이 변하지 않습니다. 하지만 ⑥에서처럼 주어가 아닌 다른 단어를 의문사로 바꿀 때는 어순이 바뀝니다. 의문사를 문장 앞으로 옮기고 주어와 be동사의 도치도 해야 하죠.

⑥ That is **Jaden**. ➡ That is **who** ➡ Who that is ➡ **Who** is that?
쟤는 제이든이야.   쟤 누구야?

일반동사일 때도 마찬가지입니다. ⑦에서처럼 의문사를 문장 앞으로 옮기고 do/does/did를 주어 앞에 사용해야 합니다.

⑦ I like **pizza**. ➡ I like **what** ➡ **What** I like ➡ **What** do I like?
내가 뭐 좋아하냐고?

그럼 ⑧에서는 왜 동사가 like에서 likes로 바뀌었을까요?

⑧ **I** like pizza. ➡ **Who** likes pizza? (*Who like pizza?)
난 피자를 좋아해.   누가 피자 좋아해?

주어인 I가 의문사로 바뀌었으므로 어순은 변하지 않았습니다. 하지만 주어로 사용된 의문사는 모두 3인칭 단수로 취급되므로 like가 3인칭 단수 현재형인 likes로 변한 것입니다.

> **Wh-의문문 (의문사로 시작)**
> ⓐ 의문사가 주어일 때는 어순이 변하지 않음
> ⓑ 의문사가 주어가 아닐 때는 어순이 변함

정답 P. 2

✏️ 다음 문장이 문법적으로 맞으면 ○, 틀리면 X에 표시한 후, <u>틀린</u> 문장은 문법에 맞게 고쳐보세요.

1   Do he live in New York?   ○   X
그는 뉴욕에 사니?

2   Did our rabbits eat carrots?   ○   X
우리 토끼들이 당근을 먹었어?

3   Who passed you the sugar?   ○   X
누가 너에게 설탕을 건네줬니?

4   Who want to press the button?   ○   X
누가 버튼을 누르고 싶어?

5   Did she finish her work at 5 p.m.?   ○   X
그녀는 오후 5시에 일을 끝냈어?

6   What Paul does wash every Sunday?   ○   X
폴은 매주 일요일에 무엇을 씻니?

7   Where Jennifer do watch TV all night?   ○   X
제니퍼는 어디에서 밤새 TV를 보니?

8   Does your brother cares a lot about you?   ○   X
너의 형이 너에게 많은 관심이 있니?

보기처럼 주어진 단어를 모두 사용하여 올바른 의문문을 적어보세요.

보기

a hole / is / there / in the road   도로에 구멍이 있어?

<u>Is there a hole in the road?</u>

---

1   it / far / is / from here   여기서 멀어?

_____

2   they / are / your friends   쟤네 너의 친구들이야?

_____

3   is / your birthday / when   너의 생일은 언제야?

_____

4   hide / my favorite doll / you / did   내가 제일 좋아하는 인형을 숨겼어?

_____

5   Noah / is / a middle school student   노아는 중학생이니?

_____

6   that white skirt / did / try on / she   걔가 그 흰색 치마 입어봤대?

_____

7   do / you / what / do / in your free time   너는 쉴 때 뭐해?

_____

LESSON 08 미래시제와 조동사

미래시제

혹시 영어에는 미래시제가 없다는 말 들어본 적 있나요? 맞기도 하고 틀리기도 한 말입니다. **1**은 미래를 나타내므로 미래시제입니다. 그런데 언어학자들은 영어에는 미래시제가 없다고 합니다.

1 I will play basketball tomorrow.　　나는 내일 농구할 거야.

언어학자들이 영어에는 미래시제가 없다고 하는 이유는 미래시제를 나타내기 위해 동사를 활용하지 않고(= plays 또는 played처럼 동사의 어미를 바꾸지 않고) will이라는 단어를 사용하기 때문입니다.

ⓐ (3인칭 단수) 현재시제	= 동사원형 + -(e)s
ⓑ 과거시제	= 동사원형 + -ed
ⓒ 미래시제	= will + 동사원형

B **조동사**

will과 같은 단어를 '조동사'라고 합니다. (정확히 말하면 '법조동사'입니다. Lesson 38 참고) '보조해주는(=도와주는) 동사'라는 뜻이죠. 영어에는 will과 같은 조동사가 네 개 더 있습니다. 아래 표에 나타난 것처럼 must를 제외한 모든 조동사는 현재형과 과거형이 있습니다.

의미	현재형	과거형
의지 (~할 것이다)	will	would
가능 (~할 수 있다)	can	could
허가 (~해도 된다)	may	might
충고 (~해야 한다)	shall*	should
의무 (~하지 않으면 안 된다)	must	Ø

*미국영어에서는 잘 사용되지 않음.

위 조동사들은 모두 아직 발생하지 않은 일을 나타낸다는 공통점을 가지고 있습니다. will을 포함한 can/may/shall/must가 모두 현재시제와는 관련이 없다고 볼 수 있죠. 그래서 주어가 3인칭 단수일 때도 –(e)s를 붙이지 않습니다.

② *She can<u>s</u> play basketball. ➡ She <u>can</u> play basketball.
그녀는 농구를 할 수 있어.

그렇다고 will/can/may/shall/must 뒤에 나오는 본동사에 –(e)s를 붙일 수도 없습니다. 이들 조동사 뒤에는 항상 동사원형이 사용되어야 하기 때문이죠.

③ *She can play<u>s</u> basketball. ➡ She can <u>play</u> basketball.
동사원형

그럼 will이 사용된 문장의 부정문과 의문문은 어떻게 만들까요? ②와 ③에서처럼 부정문은 will 뒤에 not을 넣고 의문문은 will을 주어 앞으로 옮기면 됩니다.

④ I <u>will not</u> play basketball tomorrow.
나는 내일 농구 안 할 거야.

⑤ <u>Will</u> I play basketball tomorrow?
내가 내일 농구 할 거냐고?

물론 can/may/shall/must도 모두 같은 방법으로 부정문과 의문문을 만듭니다.

---

will 부정문

주어 + will + not + 동사원형

will 의문문

Will + 주어 + 동사원형

✏️ 보기처럼 주어진 단어를 모두 사용하여 올바른 문장을 적어보세요.

보기

> change / not / I / will / the chef. 나는 주방장을 바꾸지 않을 것이다.
> I will not change the chef.

1 me / leave / not / Michael / will   마이클은 나를 떠나지 않을 것이다.

_____

2 this / document / can / edit / you   네가 이 문서 편집할 수 있어?

_____

3 you / your / parents / will / invite   너의 부모님을 초대할거야?

_____

4 Athena / her / should / clean / room   아테나는 그녀의 방을 청소해야 한다.

_____

5 will / tomorrow / breakfast / I / have   내가 내일 아침 먹을 거냐고?

_____

6 the meeting / not / he / attend / must   그는 그 회의에 참석해서는 안 된다.

_____

7 not / we / weapons / export / will   우리는 무기를 수출하지 않을 것이다.

_____

정답 P. 3

🖉 해석에 가장 알맞은 조동사를 사용하여 각 문장을 바꿔보세요.

1 We dance.

_____ 우리 춤을 출까요?

2 He arrives soon.

_____ 그는 곧 올 것이다.

3 She is here.

_____ 그녀는 여기에 있으면 안 돼.

4 You open the window.

_____ 창문을 열어도 된다.

5 Drivers obey traffic laws.

_____ 운전자는 교통법규를 준수하지 않으면 안 된다.

6 You are quiet in the library.

_____ 도서관에서는 조용히 해야 한다.

7 Emily speaks four languages.

_____ 에밀리는 4개 국어를 할 수 있다.

8 They reach the top of the mountain.

_____ 그들은 산의 정상에 도달할 수 없었다.

LESSON 09 진행형

A 현재진행형

"나는 매일 농구해."를 "나는 지금 농구하는 중이야."로 바꾸려면 어떻게 해야 할까요? 물론 every day는 right now로 바꾸고 동사 play도 ❶처럼 바꿔야 합니다.

❶ I play basketball every day. ➡ I am playing basketball right now.
나는 매일 농구해.   나는 지금 농구하는 중이야.

이렇게 '~하는 중이다'라고 말하는 것을 '진행형'이라고 하는데, 진행형을 만들 때는 두 가지를 해야 합니다. 첫째는 am과 같은 be동사를 추가하고, 둘째는 playing처럼 동사 뒤에 –ing를 붙여야 합니다. ❷에서는 주어가 They이므로 are가 사용되었죠.

❷ They watch TV every day. ➡ They are watching TV right now.
그들은 매일 TV를 봐.   그들은 지금 TV를 보는 중이야.

❸에서처럼 주어가 3인칭 단수(He/She/It)일 때는 진행형을 만들 때 주의해야 합니다. is를 추가하고 reads에서는 –s를 삭제한 후 –ing를 붙여서 reading으로 바꿔야 합니다.

❸ She reads a book every day. ➡ She is reading a book right now.
그녀는 매일 책을 읽어.   그녀는 지금 책을 읽는 중이야.

playing, watching, reading과 같은 단어들을 '현재분사'
라고 하는데, 현재분사를 만들 때는 꼭 동사원형에 –ing를 더
해야 합니다. ('분사'의 뜻은 Lesson 23 참고)

현재분사
동사원형 + –ing

44

B 과거진행형

① ~ **③**은 모두 현재와 관련된 문장들이므로 '현재진행형'입니다. 과거에 '~하는 중이었다'라고 말하려면 '과거진행형'을 사용하면 되는데 **④** ~ **⑥**에서처럼 be동사의 과거형을 사용하면 됩니다.

④ I <u>was</u> play<u>ing</u> basketball at noon yesterday.
어제 정오에 나는 농구하는 중이었어.

⑤ They <u>were</u> watch<u>ing</u> TV at noon yesterday.
어제 정오에 걔들은 TV를 보는 중이었어.

⑥ She <u>was</u> read<u>ing</u> a book at noon yesterday.
어제 정오에 걔는 책을 읽는 중이었어.

C 미래진행형

그럼 미래에 '~하고 있을 것이다'라는 뜻의 '미래진행형'은 어떻게 만들까요? 어려울 것 같은데 사실 가장 쉽습니다. **⑦** ~ **⑨**에서처럼 주어와 관계없이 **모두 will be를 사용하면 됩니다.** 미래 조동사 will 뒤에는 동사원형이 사용되어야 하기 때문이죠.

⑦ I <u>will be</u> play<u>ing</u> basketball at noon tomorrow.
내일 정오에 나는 농구하고 있을 거야.

⑧ They <u>will be</u> watch<u>ing</u> TV at noon tomorrow.
내일 정오에 걔들은 TV를 보고 있을 거야.

⑨ She <u>will be</u> read<u>ing</u> a book at noon tomorrow.
내일 정오에 걔는 책을 읽고 있을 거야.

ⓐ 현재진행형 = am/are/is + 현재분사 = '~하는 중이다'

ⓑ 과거진행형 = was/were + 현재분사 = '~하는 중이었다'

ⓒ 미래진행형 = will + be + 현재분사 = '~하고 있을 것이다'

정답 P. 3

🖊️다음 괄호 안에서 알맞은 것을 고르세요.

1 He (is playing / is playsing) the guitar.

그는 기타를 치는 중이다.

2 Olivia (is eating / was eating) potato chips.

올리비아는 감자칩을 먹는 중이었다.

3 Jaden (will draw / will be drawing) a flower.

제이든은 꽃을 그리고 있을 것이다.

4 She (will is kicking / will be kicking) the ball.

그녀는 공을 차고 있을 것이다.

5 They (is measuring / are measuring) their height.

그들은 그들의 키를 재는 중이다.

6 I (was reviewing / were reviewing) my science reports.

나는 내 과학보고서를 검토 중이었다.

7 The woman (is performing / are performing) on the street.

그 여자는 거리에서 공연 중이다.

8 My sister (is teach / is teaching) how to install the new software.

누나는 새로운 소프트웨어 설치법을 가르치는 중이다.

✏️ 각 문장을 해석에 맞게 진행형으로 바꿔보세요.

1 I stretch my legs.

_____ 나는 다리를 스트레칭하고 있는 중이었다.

2 A cat chases a rat.

_____ 고양이가 쥐를 쫓는 중이다.

3 Ella tells a horror story.

_____ 엘라가 무서운 얘기를 하는 중이다.

4 My uncle removes the stain.

_____ 내 삼촌이 얼룩을 지우는 중이다.

5 The cows sleep on the grass.

_____ 소들이 풀밭에서 자고 있을 것이다.

6 They decorate the Christmas tree.

_____ 그들은 크리스마스트리를 꾸미는 중이다.

7 She travels by bicycle next week.

_____ 그녀는 다음 주에 자전거로 여행 중일 것이다.

8 The teacher counts the number of students.

_____ 선생님이 학생 수를 세는 중이셨다.

LESSON 10 동명사와 to부정사 I

A 동명사란 무엇인가?

동사는 주어로 사용될 수 없습니다. 명사(또는 명사로 사용될 수 있는 것들)만 주어로 사용될 수 있죠. 동사를 주어 자리에 사용하려면 동사에 -ing를 붙이면 됩니다.

① Play basketball is fun. ➡ **Playing basketball** is fun.
농구하는 것은 재미있어.

Playing과 같은 단어를 '동명사'라고 합니다. 원래는 동사인데 -ing를 붙여서 명사로 사용하기 때문에 붙여진 이름이죠. 그럼 "나는 농구하는 것을 좋아해."는 영어로 어떻게 말할까요? 목적어 자리에도 명사가 사용되어야 하니 동명사 playing을 사용하면 됩니다.

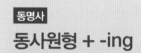

동명사
동사원형 + -ing
명사로 사용되는 동사 형태

② I like play basketball. ➡ I like **playing basketball**.
나는 농구하는 것을 좋아해.

📔 동명사와 현재분사 구분법

동명사는 Lesson 9에서 배운 현재분사와 생김새가 같습니다. 그럼 동명사와 현재분사를 어떻게 구분할까요? **①**과 **②**에서처럼 '~하는 것'으로 해석이 되면 동명사이고, **③**에서처럼 '~하는 중'으로 해석이 되면 현재분사입니다.

③ He is playing basketball. 그는 농구하는 중이야.

동명사 외에 동사를 주어 자리에 사용하는 또 하나의 방법은 **④**에서처럼 동사 앞에 to를 붙이는 것입니다. (하지만 구어체에서는 잘 사용되지 않는 용법입니다. 이유는 Lesson 11에서 설명하겠습니다.)

④ *Play basketball is fun. ➡ **To play basketball** is fun.

농구하는 것은 재미있어.

---B to부정사란 무엇인가?

To play처럼 'to + 동사원형'의 형태를 가진 것을 to부정사라고 합니다. 명사로만 사용되는 동명사와 달리 to부정사는 **명사, 형용사, 부사**로 사용될 수 있습니다.

⑤ I like **to play** basketball. [동사 like의 목적어로 사용된 명사 역할]

나는 농구하는 것을 좋아해.

⑥ I don't have time **to play** basketball. [명사 time을 꾸며주는 형용사 역할]

나는 농구 할 시간이 없어.

⑦ I go to the gym **to play** basketball. [동사구 go to the gym을 꾸며주는 부사 역할]

나는 농구를 하려고 체육관에 가.

'부정사'라는 이름이 ⑤~⑦에서처럼 용법이 정해지지 않아서 붙여진 것으로 생각하는 학생들이 많습니다. 그런데 '부정사(infinitive)'란 '형태가 정해져 있지 않은 단어'라는 뜻입니다. 'to + 동사원형'에서는 동사의 형태가 정해지지 않았으므로 'to부정사'라고 하는 것이죠. (형태가 정해진 동사의 예는 과거형 played와 3인칭 단수 현재형 plays입니다.)

| to부정사 |
| **to + 동사원형** |
| 명사, 형용사 또는 부사의 역할 |

Check Point

▶ **to부정사와 동명사는 단수 취급**

to부정사와 동명사는 주어로도 쓰일 수 있는데 이때 이 둘은 모두 단수 취급합니다. (단, to부정사나 동명사가 2개 이상 나올 경우에는 복수 취급하니 이는 주의해야 합니다.)

• Playing basketball **is** fun. • To play basketball **is** fun.

각 문장의 밑줄 친 단어가 동명사인지 현재분사인지 고르세요.

1 He is <u>revising</u> his paper.   동명사   현재분사

2 Thank you for <u>helping</u> me.   동명사   현재분사

3 The girl is <u>shaking</u> her head.   동명사   현재분사

4 They are <u>walking</u> on the beach.   동명사   현재분사

5 My hobby is <u>reading</u> newspaper.   동명사   현재분사

6 Joseph enjoys <u>tasting</u> several wines.   동명사   현재분사

7 The troops are <u>waiting</u> for the order.   동명사   현재분사

8 Do you like <u>listening</u> to classical music?   동명사   현재분사

보기처럼 주어진 단어를 모두 사용하여 해석에 맞는 문장을 적어보세요.

보기

selling / Jaden / is / juice / money / to / make
제이든은 돈을 벌기 위해 주스를 팔고 있다.

Jaden is selling juice to make money.

1 we / to / play / soccer / love

_____ 우리는 축구를 좋아한다.

2 in Seoul / living / they / enjoy

_____ 그들은 서울에서 사는 것을 즐긴다.

3 I / working / love / with / my boss

_____ 나는 내 상사와 일하는 것을 좋아한다.

4 running / good / is / for / your health

_____ 달리기는 너의 건강에 좋다.

5 she / bought / to / make / strawberries / a cake

_____ 그녀는 케이크를 만들기 위해 딸기를 샀다.

6 of the two tribes / experts / urging / the unity / are

_____ 전문가들은 두 부족의 단결을 촉구하는 중이다.

7 English / Korean / his job / into / is / translate / to

_____ 그의 직업은 한국어를 영어로 번역하는 것이다.

동명사와 to부정사 Ⅱ

 A ## 동명사와 to부정사의 차이

to부정사는 쓰임이 다양하므로 to부정사가 사용된 문장의 뜻을 이해하는 데 중점을 두고 공부해야 합니다. 뜻이 명확하게 이해되는 문장에서 to부정사가 어떤 용법으로 사용되었는지 구분하는 것은 중요하지 않습니다.

❶에서 To play basketball이 명사 용법으로 사용되었다는 것은 별로 중요하지 않습니다. 더 중요한 것은 동명사와 to부정사의 미묘한 의미 차이를 아는 것이죠.

❶ Playing basketball is fun.　➡　To play basketball is fun.
　농구하는 것은 재미있어.

동명사는 말 그대로 명사로 사용되는 단어이므로 **구체적이거나 이미 상태·사건이 발생한 느낌**을 줍니다. 반면에 to부정사는 **추상적이거나 아직 상태·사건이 발생하지 않은 느낌**을 줍니다. 구어체에서 to부정사를 주어로 사용하지 않는 이유도 to부정사는 추상적인 느낌을 주어서 너무 격식적인 문장처럼 들리기 때문입니다.

> **동명사**
> **구체적이거나 이미 상태·사건이 발생한 느낌**
> **to부정사**
> **추상적이거나 아직 상태·사건이 발생하지 않은 느낌**

B ## 목적어로 동명사와 to부정사가 오는 경우

동명사와 to부정사를 모두 취하는 동사인 remember와 forget에서도 to부정사와 동명사의 의미 차이를 발견할 수 있습니다.

52

2-1 I remember cleaning my desk yesterday. 　동명사 = 이미 발생한 일
나는 어제 내 책상을 치운 것을 기억한다.

2-2 I always remember to clean my desk. 　to부정사 = 아직 발생하지 않은 일
나는 항상 내 책상을 치우는 것을 기억한다.

to부정사만을 목적어로 취하는 동사인 want, desire, wish, hope, expect, decide, promise, refuse 등은 모두 아직 발생하지 않은 희망, 예상, 결심 등을 나타냅니다.

3 I want to talk to her.　　　　　*I want talking to her.
나는 그녀와 얘기를 하고 싶어.

반면에 finish, quit, enjoy, avoid, resist 등이 동명사만을 목적어로 취하는 이유는 끝내거나, 그만두거나, 즐기거나, 피하거나, 저항하는 대상은 모두 구체적이기 때문입니다.

4 I finished baking the cookies.　*I finished to bake the cookies.
나는 쿠키 굽는 것을 마쳤어.

가장 이해하기 어려운 것은 like처럼 동명사와 to부정사를 모두 취하고 의미의 차이가 없는 동사입니다.

5 I like reading novels.　　=　　I like to read novels.
나는 소설 읽는 것을 좋아해

이런 동사는 주로 두 종류로 나뉩니다. like, love, hate, stand, bear처럼 좋아하거나, 싫어하거나, 참고 견디는 감정에 관련된 동사와 start, begin, continue처럼 사건의 시작 또는 진행을 나타내는 동사 뒤에서 동명사와 to부정사의 의미가 같습니다.

to부정사를 취하는 동사	특징	동명사를 취하는 동사	특징
want, desire, wish, hope, expect, decide, choose, promise, refuse	아직 발생하지 않은 희망, 예상, 결심 등을 나타냄.	finish, quit, enjoy, avoid, resist, risk, deny, delay, postpone	대상이 모두 구체적임.

정답 P. 4

✏️ 다음 문장이 문법적으로 맞으면 O, 틀리면 X에 표시한 후, <u>틀린</u> 문장은 문법에 맞게 고쳐보세요.

1 Julian quit smoking.   O   X

줄리안은 담배를 끊었다.

2 Hannah refused calling him.   O   X

한나는 그에게 전화하기를 거부했다.

3 We promise to deliver on time.   O   X

우리는 제때 배달할 것을 약속한다.

4 He decided becoming an architect.   O   X

그는 건축가가 되기로 결심했다.

5 I hope to visit these villages again.   O   X

나는 이 마을들을 다시 방문하고 싶다.

6 I wish to express my deepest sympathy.   O   X

깊은 조의를 표하고 싶습니다.

7 You should avoid to look like a tourist.   O   X

관광객처럼 보이는 것은 피해야 한다.

8 The workers finish to work at noon today.   O   X

근로자들은 오늘 정오에 일을 마친다.

🖊 괄호 안의 단어 중 문법 또는 해석에 맞는 단어에 동그라미를 하세요.

1 I don't want (bothering / to bother) her with this.

나는 이 일로 그녀를 귀찮게 하고 싶지 않아.

2 Don't forget (putting / to put) the eggs in the fridge.

달걀을 냉장고에 넣는 거 잊지 마.

3 They tried (escaping / to escape) from the dark tunnel.

그들은 어두운 터널에서 탈출하려고 노력했다.

4 We couldn't resist (showing / to show) you this picture.

우리는 너에게 이 사진을 보여주지 않을 수 없었다.

5 I remember (sending / to send) a letter to Athena last year.

나는 작년에 아테나에게 편지를 보낸 것을 기억한다.

6 I'll never forget (watching / to watch) shooting stars with my dad.

나는 아빠와 함께 별똥별을 본 것을 절대 잊지 않을 것이다.

7 Remember (saving / to save) the file before turning off the computer.

컴퓨터를 끄기 전에 파일을 저장하세요.

8 Customers expect (receiving / to receive) responses from the general manager.

고객들은 총지배인으로부터 답변을 받기를 기대한다.

LESSON 12 타동사와 자동사

---- A
타동사와 자동사

"사랑해."를 영어로 하면 "I love you."가 됩니다. 한국어에서는 굳이 "너를 사랑해."라고 말할 필요가 없는데 영어에서는 왜 "I love you."라고 해야 할까요?

① *I love. → I love <u>you</u>.　　　사랑해

①에서 you가 꼭 필요한 이유는 love가 '타동사'이기 때문입니다. 타동사란 '타인(=다른 사람)이 필요한 동사'라는 뜻인데, 여기서 타인은 동작의 대상인 '목적어'를 가리킵니다. 타동사와 달리 목적어가 필요 없는 동사는 '자동사'라고 합니다. 자동사란 '자기(=주어)만 필요한 동사'라는 뜻입니다. **②**에는 목적어가 없으므로 know가 자동사로 사용되었습니다.

② I know.　　　알고 있어.

타동사	자동사
목적어가 필요한 동사	**주어만 필요한 동사**

타동사로만 사용되는 love와 달리 know는 **③**에서처럼 자동사와 타동사로 모두 사용될 수도 있습니다.

③ A: You have to do your homework.　　　너 숙제해야 해.
　　B: I <u>know</u>. = I <u>know</u> <u>that</u>.　　　(그건) 알고 있어.
　　　　　자동사　　　타동사　목적어

"I know."에는 주어만 있으므로 know가 자동사로 사용되었고, "I know that."에는 목적어 that이 있으므로 know가 타동사로 사용되었습니다.

56

--- B 자동사 + 전치사

그럼 자동사와 목적어는 같이 쓰일 수 없을까요? 동사 talk를 살펴보겠습니다.

④ My robot can talk.　　　　　　　내 로봇은 말할 수 있어.

⑤ *My robot can talk <u>anything</u>.

④에는 주어만 있고, ⑤에는 목적어인 anything을 취할 수 없다고 되어 있으니 talk는 자동사입니다. ⑤는 ⑥처럼 수정하면 됩니다.

⑥ My robot can <u>talk</u> <u>about</u> <u>anything</u>.　　내 로봇은 무엇에 관해서든 말할 수 있어.
　　　　　　　　자동사　전치사　　목적어

영어에서 목적어를 취할 수 있는 것은 두 가지가 있습니다. **타동사와 전치사입니다.** 자동사인 talk는 목적어를 취할 수 없으므로 목적어를 취할 수 있는 단어를 anything 앞에 사용해야 하겠죠. 그 단어가 바로 전치사 about입니다.

📕 타동사로만 쓰이는 동사

talk와 달리 discuss는 타동사로만 사용됩니다. 따라서 ⑦에서처럼 talk about 대신 discuss를 사용해도 됩니다.

⑦ My robot can <u>discuss</u> <u>anything</u>.　　내 로봇은 무엇에 관해서든 논의할 수 있어.
　　　　　　　　타동사　　목적어

그리고 discuss는 타동사이므로 ⑧에서처럼 목적어 없이 사용될 수 없고 ⑨에서처럼 전치사와 함께 사용될 수도 없습니다.

⑧ *My robot can <u>discuss</u>.

⑨ *My robot can discuss <u>about</u> anything.

목적어를 취할 수 있는 두 가지	
타동사 & 전치사	**자동사 + 전치사 = 타동사**

✏️ 다음 문장의 동사에 밑줄 친 후 자동사인지 타동사인지 체크해보세요.

1	He likes me.	자동사	타동사
2	Did you eat?	자동사	타동사
3	I already ate lunch.	자동사	타동사
4	Do you know him?	자동사	타동사
5	We need some milk.	자동사	타동사
6	He washed his hands.	자동사	타동사
7	I slept well last night.	자동사	타동사
8	She speaks three languages.	자동사	타동사
9	My sister can run really fast.	자동사	타동사
10	He walks to school every day.	자동사	타동사

✏️ 다음 문장이 문법적으로 맞으면 ○, 틀리면 X에 표시한 후, 틀린 문장은 문법에 맞게 고쳐보세요.

1	Dad loves me.	○	X
2	I didn't have lunch.	○	X
3	Let's discuss about it.	○	X
4	I go school every day.	○	X
5	She didn't want to talk.	○	X
6	I walked home last night.	○	X
7	She watches TV too much.	○	X
8	Jaden finished his homework.	○	X
9	My brother likes to listen music.	○	X
10	What do you want to talk about?	○	X

수여동사

A 수여동사

'만들다(make)'와 '주다(give)'를 비교해보면 '주다'가 특이한 동사라는 것을 알 수 있습니다. 'A를 만들다'와 달리 'A를 주다'는 뭔가 좀 부족합니다. '누구에게 A를 준다는 거지?'라는 의문이 들죠. 영어도 마찬가지입니다.

① ?I will give money.　　　　　　　나는 돈을 줄 거야.

①이 이상한 이유는 '누구에게' 돈을 준다는 정보가 없기 때문입니다. **①**은 **②**처럼 고쳐야 완전한 문장이 되죠.

② I will give <u>my brother</u> <u>money.</u>　　나는 내 동생에게 돈을 줄 거야.
　　　　　　　간접목적어　　직접목적어

일반 타동사와 달리 give는 두 개의 목적어를 취할 수 있습니다. 첫 번째 목적어는 '간접목적어', 두 번째는 '직접목적어'라고 합니다. 한국어로 해석했을 때 '~에게'가 붙는 것이 간접목적어, '~을'이 붙는 것이 직접목적어입니다.

> **give　　B　　　A　　=　　B에게 A를 주다**
> 　　　　간접목적어　직접목적어

give처럼 **두 개의 목적을 취하는 동사를 '수여동사'**라고 합니다. '수여하다'가 '주다(give)'라는 뜻이고 give가 목적어 두 개를 취하는 대표적인 동사이기 때문이죠. 수여동사에서 유의할 점은 간접목적어가 동사 바로 뒤에 온다는 것입니다.

그런데 **③**에서처럼 전치사 to를 사용하면 직접목적어가 동사 바로 뒤에 오게 됩니다. to my brother는 이제 give의 간접목적어가 아니므로 문장의 끝으로 가야 하기 때문이죠.

③ *I will give <u>to my brother</u> money. ➡ I will give <u>money</u> <u>to my brother</u>.
                                                       A   to B

> **수여동사**
> **give처럼 두 개의 목적어를 취할 수 있는 동사**

┄┄B 기타 수여동사

make, buy, cook과 같은 일반 타동사도 수여동사로 사용될 수 있습니다. 예를 들어, ④에서는 made가 타동사로 사용되었지만 ⑤에서는 수여동사로 사용되었습니다.

④ I made a sandwich <u>for</u> him.   내가 그를 위해 샌드위치를 만들었어.
    타동사

⑤ I made him a sandwich.   내가 그에게 샌드위치를 만들어 주었어.
    수여동사 간·목   직·목

④에 사용된 전치사는 to가 아니라 for입니다. 그리고 중요한 것은 ④와 ⑤의 의미가 다르다는 것입니다. ⑤에서는 made가 수여동사로 사용되었으므로 '주었다'는 의미가 있지만 ④에는 그런 의미가 없습니다. ④와 ⑤의 차이점은 아래 두 문장에서 잘 드러납니다.

⑥ I made a sandwich for him, but I didn't give it to him.
    내가 그를 위해 샌드위치를 만들었는데, 그에게 주지는 않았어.

⑦ ?I made him a sandwich, but I didn't give it to him.
    내가 그에게 샌드위치를 만들어 주었는데, 그에게 주지는 않았어.

⑥은 문장이 전혀 이상하지 않습니다. made에 주었다는 의미가 없기 때문입니다. 하지만, ⑦에서는 made가 수여동사로 사용되었으므로 이미 준 것을 주지 않았다고 말하는 이상한 문장이 돼버립니다.

🖋 다음 문장이 문법적으로 맞으면 ○, 틀리면 X에 표시한 후, <u>틀린</u> 문장은 문법에 맞게
고쳐보세요.

1   I will buy you a meal.   ○   X

내가 밥 사줄게.

2   My friend told me the truth.   ○   X

친구가 내게 진실을 말해줬다.

3   She introduced me her sister.   ○   X

그녀는 내게 그녀의 언니를 소개했다.

4   He handed to me a cotton candy.   ○   X

그는 나에게 솜사탕을 건네주었다.

5   The mayor awarded him the first prize.   ○   X

시장은 그에게 1등 상을 수여했다.

6   Tim gave a vacuum cleaner to his parents.   ○   X

팀은 부모님께 진공청소기를 드렸다.

7   We will throw him a surprise retirement party.   ○   X

우리는 그에게 깜짝 은퇴 파티를 열어줄 것이다.

8   She announced all the students the new policy.   ○   X

그녀는 모든 학생에게 새로운 정책을 알렸다.

✎ 보기처럼 주어진 단어를 모두 사용하여 해석에 맞는 문장을 적어보세요.

보기

you / will / give / he / a second chance
그는 너에게 두 번째 기회를 줄 것이다.

He will give you a second chance.

1 I / you / a debt / owe

_____ 나는 너에게 빚을 졌다.

2 me / offered / a job / they

_____ 그들은 나에게 일자리를 제안했다.

3 Stella / the salt / me / passed

_____ 스텔라는 나에게 소금을 건네주었다.

4 that pencil / hand / can / you / me

_____ 그 연필 좀 건네줄래?

5 them / threw / the crew / life jackets

_____ 승무원은 그들에게 구명조끼를 던져주었다.

6 that / a lesson / me / taught / experience

_____ 그 경험은 나에게 교훈을 가르쳐주었다.

7 show / the way / you / could / me / to / the wedding hall

_____ 결혼식장으로 가는 길을 알려주시겠어요?

LESSON 14 불완전자동사(=연결동사)

A 불완전자동사

동사 중에 가장 먼저 배운 be동사는 어떤 종류의 동사일까요? 우선 타동사(=목적어가 필요한 동사)는 아닙니다. Lesson 3에서 be동사는 ①에서처럼 보어와 결합한다고 배웠기 때문이죠.

① I am a student.   I am happy.
        보어   보어

그렇다면 자동사인데, be동사는 보어가 없으면 문장이 성립되지 않으므로 '불완전자동사'라고 합니다. (불완전자동사는 주어와 보어를 연결해주는 동사이므로 '연결동사'라고도 불립니다.)

B 오감을 나타내는 동사

그럼 ②에서 feel은 어떤 종류의 동사로 사용되었을까요?

② *I feel greatly.   ➡   I feel great.   난 기분이 아주 좋아.
        부사   보어로 사용된 형용사

feel 다음에 형용사가 온다는 것은 feel도 be와 같은 불완전자동사라는 뜻입니다. 일반 자동사는 ③에서처럼 부사의 꾸밈을 받을 수 있기 때문이죠.

③ She sang happily.   그녀는 행복하게 노래를 불렀어.
        sang을 꾸며주는 부사

불완전자동사(연결동사)
보어를 취하는 동사

동사 + 형용사 = 불완전자동사   동사 + 부사 ≠ 불완전자동사

64

오감을 나타내는 feel, smell, taste, sound, look은 모두 불완전자동사로 사용될 수 있습니다. 그럼 아래 두 문장 중에서 smell이 불완전자동사로 사용된 문장은 무엇일까요?

④ This milk smells bad.   이 우유는 냄새가 고약해.
                  보어로 사용된 형용사

⑤ Smell the flowers slowly.   천천히 꽃향기를 맡으세요.
                 부사

정답은 ④입니다. smell 뒤에 형용사 bad가 보어로 사용되었기 때문이죠. ⑤에서는 smell이 the flowers를 목적어로 취했으므로 타동사로 사용되었습니다. 따라서 부사인 slowly의 꾸밈을 받을 수 있는 것입니다.

오감을 나타내는 동사 뒤에는 바로 명사 보어가 올 수는 없습니다.

⑥ *He looks an angel.

> 오감을 나타내는 feel, smell, taste, sound, look은
> 모두 불완전자동사로 사용될 수 있음

 Check Point

▶ 오감을 나타내는 동사 + like

오감을 나타내는 동사 뒤에는 바로 명사 보어가 올 수는 없지만 전치사 like를 쓰면 명사가 올 수 있습니다.

- He looks like an angel. 그는 천사처럼 보인다.
- This food smells like an orange. 이 음식은 오렌지 냄새가 난다.

🖊 아래의 문장 중 불완전자동사가 사용된 문장을 찾고, 불완전자동사에 동그라미를 하세요.

1 Thomas was tired.

토마스는 피곤했다.

2 It sounds great to me.

내게는 멋지게 들리는데.

3 A bull appeared suddenly.

황소가 갑자기 나타났다.

4 You look gorgeous, Athena.

아테나, 너 화려해 보인다.

5 Look carefully in both directions.

양쪽 방향을 잘 살펴라.

6 My skin becomes dry in the winter.

내 피부는 겨울에 건조해진다.

7 She appeared calm during the funeral.

그녀는 장례식 동안에 침착해 보였다.

8 Nathan became familiar with the new rules.

네이선은 새로운 규칙에 익숙해졌다.

정답 P. 5

✎ 다음 문장이 문법적으로 맞으면 ○, 틀리면 X에 표시한 후, 틀린 문장은 문법에 맞게 고쳐보세요.

1 I feel wonderful tonight.　　○　　X

오늘 밤은 기분이 아주 좋다.

2 That sounds interestingly.　　○　　X

그거 흥미롭게 들리네.

3 This river froze complete.　　○　　X

이 강은 완전히 얼어붙었다.

4 I am very grateful to you.　　○　　X

나는 당신께 정말 감사합니다.

5 The box seems very heavy.　　○　　X

그 상자는 매우 무거워 보인다.

6 This wound healed naturally.　　○　　X

이 상처는 자연히 나았다.

7 The grapes smell really good.　　○　　X

포도 냄새가 정말 좋다.

8 The helicopter is moving fastly.　　○　　X

헬리콥터가 빠르게 움직이는 중이다.

LESSON 15 비교급과 최상급

 A 비교급

두 대상을 비교하려면 형용사(또는 부사)의 '비교급'을 사용하면 됩니다. 비교급을 만드는 법은 두 가지가 있습니다. 첫 번째는 ①에서처럼 형용사 뒤에 -er을 붙이고 than을 사용하는 것입니다.

① I am **taller than** you.   ⟨Ⓐ 비교급⟩

　　나는 너보다 키가 커

비교급을 만드는 두 번째 방법은 ②에서처럼 -er 대신 형용사 앞에 more를 사용하는 것입니다.

② Math is **more difficult than** English.   ⟨Ⓑ 비교급⟩

　　수학이 영어보다 더 어려워.

그럼 왜 tall에서 -er를 붙이고 difficult에는 앞에 more를 사용했을까요? tall은 음절이 하나이고 difficult는 음절이 3개이기 때문입니다.

> Ⓐ 비교급 = 1음절 형용사(또는 부사)-er + than
> Ⓑ 비교급 = more + 3음절 이상 형용사(또는 부사) + than

B 최상급

비교 대상 중 가장 높은 등급을 나타내는 '최상급'도 비슷한 방법으로 만듭니다. ③에서처럼 1음절 형용사에는 –est를 붙이고, ④에서처럼 3음절 이상 형용사에는 most라는 단어를 사용합니다. 최상급 앞에는 the를 사용해야 하는데, 그 이유는 the가 유일한 존재(=최상급)를 나타내기 때문입니다.

③ I am **the tallest** person in my family.   ⟨Ⓐ 최상급⟩

　　우리 가족 중에 내가 가장 키가 큰 사람이야.

④ Math is **the most difficult** subject.   ⟨Ⓑ 최상급⟩

　　수학이 가장 어려운 과목이야.

> ⒶＡ 최상급 = the + 1음절 형용사(또는 부사)-est
>
> ⒷＢ 최상급 = the + most + 3음절 이상 형용사(또는 부사)

2음절 형용사에는 주로 Ⓐ 비교·최상급이 사용되는데 **5**와 **6**에서처럼 Ⓑ 비교·최상급이 사용되는 단어들도 있습니다.

5 I am <u>more handsome than</u> my brother.

　　내 동생보다는 내가 <u>더 잘생겼어.</u>

6 I am <u>the most handsome</u> person in my family.

　　우리 가족 중에 내가 <u>가장 잘생긴</u> 사람이야.

지금까지 설명한 비교급과 최상급은 규칙을 따르므로 규칙 변화이며, 아래 철자의 변화도 포함됩니다.

•규칙 변화

	원급	비교급 (-er)	최상급 (-est)
자음 + y로 끝날 때 = y를 i로 + -er/-est	dirty pretty	dirtier prettier	dirtiest prettiest
-e로 끝날 때 = + -r/-st	safe large	safer larger	safest largest
'단모음 + 단자음'으로 끝날 때 = 마지막 자음 반복 + -er/-est	big sad	bigger sadder	biggest saddest

more와 most도 many(또는 much)의 비교급과 최상급입니다. more, most와 같은 단어는 불규칙 변화라고 하죠. 아래 표에 포함된 단어들은 모두 비교·최상급의 불규칙 변화입니다.

•불규칙 변화

원급	비교급	최상급 (–est)
good & well	better	best
bad & ill	worse	worst
many & much	more	most
little	less	least
far	farther(거리가 더 먼) further(정도가 더 한)	farthest furthest

정답 P. 5

✏️ 각 문장에 쓰인 비교급이나 최상급이 맞으면 O, 틀리면 X에 표시한 후, <u>틀린</u> 문장은 문법에 맞게 고쳐보세요.

1 I am shorter than you.   O   X

  나는 너보다 키가 작다.

2 Today is the coldest day.   O   X

  오늘이 가장 추운 날이다.

3 Athena is more old than Jaden.   O   X

  아테나는 제이든보다 나이가 많다.

4 Who is powerful than Superman?   O   X

  누가 슈퍼맨보다 더 강력한가?

5 She was prettiest girl at the party.   O   X

  그녀는 파티에서 가장 예쁜 소녀였다.

6 This is the expensivest item in this store.   O   X

  이것은 이 가게에서 가장 비싼 물건이다.

7 The movie was interestinger than the book.   O   X

  그 영화는 책보다 더 재미있었다.

8 Korea is one of the most beautiful countries in the world.

  한국은 세계에서 가장 아름다운 나라 중 하나다.   O   X

✏️ 보기의 단어 중 알맞은 단어를 사용하여 해석에 맞게 비교급 또는 최상급을 완성하세요.

보기
fun, early, rich, lazy, important, popular, lucky

1 We played _____ game.

우리는 가장 재미있는 게임을 했어.

2 Who is _____ Bill Gates?

빌 게이츠보다 더 부자인 사람은 누구인가?

3 Friends are _____ money.

친구는 돈보다 더 중요하다.

4 English is a lot _____ than math.

영어는 수학보다 훨씬 더 재미있어.

5 You are _____ man in the world.

넌 세상에서 가장 운이 좋은 사람이야.

6 The king arrived _____ the queen.

왕은 여왕보다 더 일찍 도착했다.

7 This is _____ comedy show on TV.

이게 TV에서 가장 인기가 많은 코미디 쇼야.

8 Charles is _____ person in our class.

찰스가 우리 반에서 가장 게으른 사람이야.

LESSON 16

비지칭 It과 There

A **비인칭주어 It**

"비가 오고 있어."를 영어로 하면 어떻게 될까요? ❶처럼 할 수 있겠지만 일상 대화에서는 이런 말을 하지 않습니다. 주로 노래의 가사에서나 볼 수 있는 문장이죠.

❶ Rain is coming down.   비가 오고 있어.

일상 대화에서는 rain을 보통 '비가 오다'라는 뜻의 자동사로 사용해서 ❷와 같이 말하죠. 그런데 여기서 대명사 It는 무엇을 가리킬까요?

❷ It is raining.   비가 오고 있어.

❷에서 It은 아무 의미가 없습니다. 단지 주어 자리만 차지하고 있죠. 이런 it을 '비인칭주어 it'이라고 합니다. 3인칭 대명사로 사용되지 않은 it이라는 뜻이죠.

> **비인칭주어 it**
> **아무 의미 없이 주어 자리만 차지하는 it**

영어의 특징 중 하나는 명령문을 제외한 모든 문장에 주어가 꼭 있어야 한다는 것입니다. 그래서 아무 의미도 없는 비인칭주어 it을 사용하는 것이죠. 비인칭주어 it은 주로 날씨, 명암, 거리, 시간 등을 나타냅니다.

❸ It is cloudy out.   밖에 날씨가 흐려.   날씨

❹ It is too dark in here.   여기는 너무 어두워.   명암

❺ It is far from here.   여기서부터 멀어.   거리

❻ It is three o'clock now.   지금 3시야.   시간

--- B 유도부사 There

비인칭주어 it과 비슷하게 아무 의미 없이 주어 자리만 차지하는 단어가 또 하나 있습니다. **7**에 있는 There이죠.

7 There is a cup on the table.   테이블 위에 컵이 있어.

There가 아무 의미 없다는 것은 a cup을 복수인 two cups로 바꾸면 동사도 is에서 are로 바뀐다는 사실로 알 수 있습니다.

8 There <u>are</u> two cups on the table.   테이블 위에 컵 두 개가 있어.

8에서 동사가 are가 되어야 하는 이유는 **8**의 의미상 주어가 two cups이기 때문입니다. There는 단지 주어 자리만 차지하고 있는 것이죠. 이런 there는 '거기에'라는 뜻의 부사가 아니고 be동사와 함께 쓰여 '~이 있다'로 해석되어서 '유도부사 there'라고 합니다.

그런데 '유도부사'는 부정확한 명칭입니다. 부사는 주어 자리에 올 수도 없고 **7**과 **8**에 사용된 There는 대명사이기 때문입니다(자세한 설명은 Lesson 17: 부가의문문 참고). 따라서 정확한 명칭은 '비지칭(=아무것도 지칭하지 않는) there'입니다.

> ① There + be동사 + 의미상의 주어 = '~이 있다'
> ② be동사의 단·복수는 의미상의 주어에 따라 결정됨

언어학자들은 비인칭주어 it도 아무것도 지칭하지 않으므로 '비지칭 it'라고 합니다. 비인칭주어 it과 유도부사 there는 학생들의 이해를 돕기 위해 학교문법에서 사용되는 용어들이죠. 그런데 이런 용어 때문에 더 헷갈리는 학생들이 많습니다. 유도부사 there는 왜 비인칭주어 there라고 하지 않느냐고 질문하는 학생들이 많죠.

어차피 유도부사 there도 부정확한 명칭이므로 비인칭주어 there라고 해도 전혀 문제가 되지 않습니다. 어떤 용어를 사용하냐가 중요한 것이 아니고 용법을 제대로 이해하는 것이 중요하지 않을까요?

🖊 빈칸에 들어갈 알맞은 단어를 골라 해석에 맞게 문장을 완성하세요.

---

1 _____ was almost dawn.

거의 새벽이었다.　　　　　　　　**①** It　　　　**②** There

---

2 _____ is a bug in my coffee.

내 커피에 벌레가 있어.　　　　　　**①** It　　　　**②** There

---

3 _____ two blankets in the living room.

거실에 담요가 두 개 있어.　　　　**①** There is　**②** There are

---

4 _____ was a boy with blonde hair and green eyes.

금발 머리에 녹색 눈을 가진 소년이 있었다.　**①** It　　**②** There

---

5 _____ two candidates in last year's election.

작년 선거에는 두 명의 후보자가 있었다.　**①** There was　**②** There were

---

6 _____ is too dark to find a fashion magazine on the shelf.

선반에서 패션잡지를 찾기엔 너무 어둡다.　**①** It　　**②** There

---

7 How far is _____ from here to the grocery store next to the church?

여기서 교회 옆 식료품점까지는 얼마나 머니?　**①** it　　**②** there

정답 P. 6

✎ 보기처럼 주어진 단어를 모두 사용하여 해석에 맞는 문장을 적어보세요.

보기

is / already / March 2 / it   벌써 3월 2일이야.

It is already March 2.

1   it / 10 minutes / takes   10분 걸려요.

_____

2   still / summer / it / is   여전히 여름이다.

_____

3   it / a / day / was / sunny   화창한 날이었다.

_____

4   time / to / home / is / it / go   집에 갈 시간이다.

_____

5   there / lions / were / in the zoo   동물원에는 사자들이 있었다.

_____

6   is / there / near my house / a park   우리 집 근처에 공원이 있다.

_____

7   on the table / are / four spoons / there   테이블 위에 숟가락이 네 개 있다.

_____

LESSON 17

부가의문문

 be동사 부가의문문

❶에서처럼 평서문 뒤에 짧은 의문문을 덧붙인 것을 '부가의문문'이라고 합니다. '부가'가 '덧붙임, 첨가'라는 뜻이기 때문이죠. 뒤에 덧붙이는 의문문은 '(조)동사+주어?'로만 만듭니다.

❶ You <u>are</u> from Korea, <u>aren't you</u>?　　너는 한국에서 왔지, 그렇지 않니?
　　　　　*are you?

부가의문문을 만들 때 첫 번째로 주의할 것은 **평서문과 의문문이 반대 상황이 되어야 한다는 것**입니다. ❶에서는 평서문이 긍정(are)이므로 의문문은 부정(aren't)이 되어야 합니다. 반대로 ❷에서는 평서문이 부정이므로 의문문이 긍정이 되어야 하죠.

❷ You <u>are not</u> from Korea, <u>are you</u>?　　너는 한국에서 오지 않았지, 그렇지?
　　　　　*aren't you?

> **부가의문문**
> # 평서문, (조)동사+주어?
> 평서문과 의문문의 긍정과 부정이 반대여야 함

 일반동사 부가의문문

be동사가 아닌 일반동사가 사용된 문장을 부가의문문으로 만들려면 ❸과 ❹에서처럼 do를 사용해야 합니다. 부정문과 의문문을 만들 때 사용하는 do/does/did도 조동사(=도와주는 동사)이기 때문이죠.

❸ You <u>speak</u> Chinese, <u>don't you</u>?　　너 중국어 하지, 그렇지 않니?

❹ You <u>don't speak</u> Chinese, <u>do you</u>?　　너 중국어 못 하지, 그렇지?

will, can, may, shall, must와 같은 조동사가 포함된 문장을 부가의문문으로 만들 때는 이들 조동사와 주어만 사용하면 되겠죠. 그런데 ⑤는 뭐가 잘못된 것일까요?

⑤ *John <u>can</u> swim, <u>can't John</u>?　　　존은 수영할 수 있지, 그렇지 않니?

부가의문문을 만들 때 두 번째로 주의할 것은 '(조)동사+주어?'의 주어는 항상 대명사가 사용되어야 한다는 것입니다. 따라서 ⑤에서는 can't John?이 can't he?로 바뀌어야 합니다.

> **부가의문문의 '(조)동사 + 주어?'에서 주어는 대명사여야 함**

▌ There로 시작하는 부가의문문

그럼 Lesson 16에서 배운 There로 시작하는 문장을 부가의문문으로 만들면 어떻게 될까요? ⑥에서처럼 '(조)동사+주어?'에 there를 사용해 평서문 뒤에 붙이면 됩니다.

⑥ There is a cup on the table, <u>isn't there</u>?

테이블 위에 컵이 있지, 그렇지 않니?

유도부사로 불리는 there가 부사가 아닌 대명사라는 것은 위 문장에서 알 수 있습니다. 부가의문문의 '(조)동사+주어?'에는 대명사만이 사용될 수 있기 때문이죠. 이제 '유도부사 there'가 왜 부정확한 용어인지 확실히 이해가 되죠, 그렇지 않나요?

◎ Check Point

▶ **명령문/제안문의 부가의문문**

명령문의 부가의문문은 조동사 will을, 제안문의 부가의문문은 조동사 shall을 사용합니다.

- Be quiet, <u>will you</u>?　조용히 좀 해줘, 응?
- Let's go to the museum, <u>shall we</u>?　박물관에 가자, 응?

정답 P. 6

✏️ 다음 문장이 문법적으로 맞으면 O, 틀리면 X에 표시한 후, 틀린 문장은 문법에 맞게 고쳐보세요.

1 He is not a nurse, is he?   O   X

그는 간호사가 아니지, 그렇지?

2 She runs fast, doesn't she?   O   X

그녀는 달리기가 빠르지, 그렇지 않니?

3 Lucy was crying, wasn't she?   O   X

루시는 울고 있었지, 그렇지 않니?

4 Hunter is brave, isn't Hunter?   O   X

헌터는 용감하지, 그렇지 않니?

5 You wake up early, aren't you?   O   X

너는 일찍 일어나지, 그렇지 않니?

6 You don't know Bella, does she?   O   X

너 벨라 모르지, 그렇지?

7 You can see the bridge, can't you?   O   X

다리가 보이지, 그렇지 않니?

8 You didn't do your homework, do you?   O   X

너 숙제 안 했지, 그렇지?

정답 P. 6

🖊️ 각 문장을 해석에 맞게 부가의문문으로 바꿔보세요.

1 You can open that jar.　　　　저 병을 열 수 있지, 그렇지 않니?

_____

2 There were huge ships.　　　　거대한 배들이 있었지, 그렇지 않니?

_____

3 She is not qualified to vote.　　그녀는 투표할 자격이 없지, 그렇지?

_____

4 You don't exercise every day.　매일 운동하지는 않지, 그렇지?

_____

5 Anna bought organic vegetables. 안나가 유기농 채소를 샀지, 그렇지 않니?

_____

6 Samantha was wearing blue jeans.

사만다는 청바지를 입고 있었지, 그렇지 않니?

_____

7 They are not enthusiastic about new technology.

_____　그들은 신기술에 열광하지 않지, 그렇지?

8 There is a public event in your town tomorrow.

내일 너희 마을에서 공개 행사가 있지, 그렇지 않니?

_____

감탄문

A 감탄문의 종류

'감탄문'은 말 그대로 감탄을 할 때 사용하는 문장입니다. 그러면 ❶은 감탄문일까요?

❶ **That was a great movie!**   그건 굉장한 영화였어!

❶은 평서문 끝에 단순히 느낌표를 찍은 것입니다. 문장 끝에 느낌표를 찍는다고 모든 문장이 감탄문이 되는 것은 아니죠. 감탄문에는 두 가지 종류가 있습니다. 하나는 ❷에서처럼 What으로 시작하고 다른 하나는 ❸에서처럼 How로 시작하죠.

❷ **What a great movie that was!**   정말 굉장한 영화였어!
　　　　형용사　 명사　 주어　동사

❸ **How beautiful she is!**   정말 아름다운 그녀야!
　　　　형용사　 주어 동사

많은 학생이 두 감탄문의 구조를 'What a 형 명 주 동'과 'How 형/부 주 동'과 같은 공식으로 외웁니다. 물론 틀린 것은 아닙니다. 하지만 아래 공식에는 두 감탄문의 본질적인 차이가 잘 드러나지 않습니다.

> Ⓐ What a 형 명 주 동　=　What + a + 형용사 + 명사 + 주어 + 동사
> Ⓑ How 형/부 주 동　　=　How 형용사(또는 부사) + 주어 + 동사

--- B What 감탄문과 How 감탄문의 차이

What 감탄문과 How 감탄문의 본질적인 차이는 What과는 명사가 사용되고 How와는 형용사가 사용된다는 것입니다. 두 감탄문의 차이는 ❹와 ❺에 잘 드러납니다.

❹ What a <u>movie</u>! (=What a great movie that was!)   정말 굉장한 영화였어!
      명사

❺ How <u>beautiful</u>! (=How beautiful she is!)   정말 아름다워!
      형용사

일상 대화에서는 감탄하는 대상이 청자에게도 명확한 경우가 많으므로 ❹와 ❺에서처럼 주어와 동사는 주로 생략됩니다. 그리고 감탄문 자체가 좋은 뜻을 나타내므로 ❹에서는 형용사 great도 생략할 수 있습니다. 반면에 ❻에서는 형용사를 생략할 수 없습니다. 뜻이 정반대되기 때문이죠.

❻ What a <u>terrible</u> movie!   정말 형편없는 영화야!

What 감탄문에 꼭 필요한 것은 명사라는 것은 ❼에도 잘 나타납니다. a가 없어서 비문이라고 생각하는 학생이 많은데 nonsense는 셀 수 없는 명사이므로 a를 사용할 수 없습니다. ❹와 ❻에 a가 사용된 이유는 movie가 셀 수 있는 명사이기 때문이죠.

❼ What <u>nonsense</u>!   무슨 터무니없는 말을!

How 감탄문에 형용사 대신 부사가 사용되는 경우는 자동사 또는 타동사가 사용될 때입니다. ❽에서 보이는 것처럼 How가 부사와 단독으로 사용될 수는 없습니다.

❽ *How <u>beautifully</u>!

ⓐ How <u>beautifully</u> she <u>sings</u>!   그녀는 정말 아름답게 노래를 해!
       부사   자동사

ⓑ How <u>beautifully</u> she <u>plays</u> the piano!   그녀는 정말 아름답게 피아노를 쳐!
       부사   타동사

What 감탄문	How 감탄문
What + 명사	**How + 형용사**

정답 P. 6

🖊 빈칸에 들어갈 알맞은 단어를 골라 해석에 맞게 문장을 완성하세요.

1 _____ simple!　　　　　　　❶ What　　❷ How

정말 간단해!

2 _____ a goal!　　　　　　　❶ What　　❷ How

(축구에서) 정말 멋진 골이다!

3 _____ a shame!　　　　　　　❶ What　　❷ How

정말 유감이야!

4 _____ foolish you are!　　　　❶ What　　❷ How

당신은 정말 어리석어!

5 _____ giant mushrooms!　　　❶ What　　❷ How

정말 거대한 버섯들이야!

6 _____ kind Aurora was!　　　　❶ What　　❷ How

오로라는 정말 친절했어!

7 _____ easy it is for you!　　　❶ What　　❷ How

너에겐 정말 쉽지!

8 _____ an easy way to remember! ❶ What　　❷ How

정말 기억하기 쉬운 방법이군!

보기의 단어 중 알맞은 단어를 사용하여 해석에 맞게 감탄문을 완성하세요. 필요하면 같은 단어를 여러 번 사용하거나 복수형으로 쓰세요.

1 _____ _____ ! 정말 신난다!

2 _____ a _____ ! 정말 엉망진창이군!

3 _____ a _____ ! 정말 다행이야!

4 _____ _____ the world is! 정말 황당한 세상이야!

5 _____ _____ the lecture was!

그 강의는 정말 지루했어!

6 _____ _____ _____ !

정말 황당한 발상들이군!

7 _____ _____ touching _____ !

정말 감동적인 이야기야!

8 _____ _____ _____ you have!

정말 큰 눈을 가지고 있군!

LESSON 19

명사절 접속사

A 명사절 접속사

다음 두 문장에서 if는 전혀 다른 뜻으로 사용되었습니다. ❶에서는 if가 '만약 ~하면'이라는 뜻이고 ❷에서는 '~인지 아닌지'라는 뜻입니다.

❶ You can go to sleep if you're tired.

피곤하면 자도 돼.

❷ I don't know if I want to go to sleep.

자고 싶은지 모르겠어.

'~인지 아닌지'라는 뜻을 가진 단어가 하나 더 있는데, 바로 whether입니다. 따라서 whether는 ❷의 if만 대신해서 사용될 수 있습니다.

❸ *You can go to sleep whether you're tired.

❹ I don't know whether I want to go to sleep.

❶과 ❷의 if는 문법적으로도 큰 차이가 있습니다. 두 if 모두 품사는 접속사인데 if가 ❶에서는 부사절을 이끌고 ❷에서는 명사절을 이끌죠. (단어가 모여서 하나의 품사처럼 사용되는 것을 구 또는 절이라고 합니다. 모인 단어들에 주어와 동사가 포함되어 있으면 절이라고 하고 그렇지 않으면 구라고 하죠.)

> ① 부사절을 이끄는 if = '만약 ~하면'
> ② 명사절을 이끄는 if = '~인지 아닌지' = whether

B 명사절을 이끄는 접속사

명사절을 이끌 수 있는 접속사는 whether, if와 더불어 that이 있습니다. 앞글자를 따서 WIT '재치'라고 외우면 쉽게 외워지죠. that은 ⑤에서처럼 '그것'이라는 뜻의 (지시)대명사로 자주 사용됩니다.

⑤ A: You have to do your homework.   너 숙제해야 해.

B: I <u>know</u>. = I <u>know</u> that.   (그건) 알고 있어.
     자동사   타동사

know는 자동사와 타동사로 모두 사용될 수 있습니다. "I know."는 목적어가 없으므로 자동사이고 "I know that."에서는 that이 목적어로 사용되었으므로 타동사입니다. 그럼 ⑥에서 know는 어떤 종류의 동사일까요?

⑥ I know <u>that she is smart.</u>   난 그녀가 똑똑하다는 것을 알아.
        that 명사절

⑥에서도 know는 타동사입니다. '그녀가 똑똑하다는 것을'이라는 목적어를 취했기 때문이죠. ⑤에서 that은 '그것'이라는 뜻의 지시대명사이지만, ⑥에서는 '~하다는 것'의 뜻을 지닌 종속접속사입니다. 그럼 왜 ⑥에서 that she is smart는 명사절로 불리는 것일까요?

주어와 목적어 자리에는 명사, 대명사, 명사절 등이 올 수 있습니다. that she is smart는 주어(she)와 동사(is)를 포함하므로 '절'입니다. 그리고 이 절이 ⑥에서는 목적어 자리에 사용되었으므로 명사절이 되는 것입니다.

명사절

명사처럼 사용되는 절(=주어+동사)

명사절을 이끄는 접속사

whether, if, that = WIT

정답 P. 6

✏️ 각 문장에 사용된 **if**가 부사절과 명사절 중 어떤 절을 이끄는지 고르세요.

1 I'll do it if you help me.   부사절   명사절

2 You must stay at home if it rains.   부사절   명사절

3 I don't know if your answer is correct.   부사절   명사절

4 Children are free if they are under six years old.

                                 부사절   명사절

5 Some people wonder if I can win the national competition.

                                 부사절   명사절

6 The judge knows if the witness will be present at the trial.

                                 부사절   명사절

7 Teenagers will be much healthier if they can get more sleep.

                                 부사절   명사절

8 Tim's asking if he can hire an employee from his former

company.   부사절   명사절

정답 P. 7

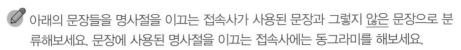

아래의 문장들을 명사절을 이끄는 접속사가 사용된 문장과 그렇지 <u>않은</u> 문장으로 분류해보세요. 문장에 사용된 명사절을 이끄는 접속사에는 동그라미를 해보세요.

명사절을 이끄는 접속사가 사용된 문장	명사절을 이끄는 접속사가 사용되지 않은 문장

1 She knows that I am innocent.

2 This stove is much cheaper than that one.

3 This means that water may exist on the moon.

4 He can drive my car if he gets a driver's license.

5 I doubt that they can maintain their communist system.

6 John predicts that the global economy will become better.

7 The president couldn't decide whether he should take a risk.

8 They will launch a new brand if there are no legal problems.

LESSON
20

부사절 접속사

A 부사절 접속사

Lesson 19에서 명사절은 명사처럼 사용되는 절(=주어와 동사)이라고 배웠습니다. ❶의 밑줄 친 부분도 주어(I)와 동사(was)를 포함하고 있습니다. 그럼 이건 무슨 절이라고 할까요?

❶ I went to sleep early <u>because I was tired</u>.

> 나는 피곤했기 때문에 일찍 잠자리에 들었다.

because I was tired는 I went to sleep early를 꾸며주는 부사와 같은 역할을 하므로 부사절이라고 합니다. 부사절은 대다수의 부사와 마찬가지로 문장의 첫 부분(=문두) 또는 끝부분(=문미)에 자유롭게 위치할 수 있습니다.

❷ <u>Because I was tired</u>, I went to sleep early.

> 나는 피곤했기 때문에 일찍 잠자리에 들었다.

if 부사절도 물론 ❸에서처럼 문두와 문미에 자유롭게 올 수 있습니다.

❸ You can go to sleep <u>if you're tired</u>.　　　　피곤하면 자도 돼.

= <u>If you're tired</u>, you can go to sleep.

반면에 ❹의 if 명사절은 문두에 올 수 없습니다. 명사절은 특별한 경우가 아니고는 움직일 수 없기 때문이죠.

❹ I don't know <u>if I want to go to sleep</u>.　　　　자고 싶은지 모르겠어.

*<u>If I want to go to sleep</u> I don't know.

부사절

부사처럼 사용되는 절(=주어+동사)

부사절은 문두와 문미에 자유롭게 위치할 수 있음

B 시간과 조건을 나타내는 부사절

명사절을 이끄는 단어(WIT = whether, if, that)와 마찬가지로 부사절을 이끄는 단어들도 모두 종속 접속사입니다. 부사절을 이끄는 종속접속사의 다른 예로는 when과 although가 있습니다.

⑤ When I get home, I'll call you.

집에 도착하면 전화할게.

⑥ Although I'll be busy tomorrow, I'll make time for you.

내일 바쁘지만, 너를 위해 시간을 낼게.

그런데 ⑤와 ⑥의 부사절을 비교해보면 좀 다른 것이 있습니다. 모두 미래 상황에 관한 내용인데 ⑤에는 will이 없고 ⑥에는 will이 사용되었습니다. 그 이유는, **시간과 조건을 나타내는 부사절에서는 현재시제가 미래시제를 대신하기 때문**입니다. although(~이긴 하지만)는 양보를 나타내므로 부사절에 will이 사용된 것이죠.

시간을 나타내는 종속접속사는 when, after, before, until 등이 있고 조건을 나타내는 종속접속사는 if와 unless(~하지 않는 한)가 있습니다. ⑦에서도 조건을 나타내는 unless 부사절에 현재시제 rains가 미래시제 will을 대신하였습니다.

⑦ Unless it rains tomorrow, I'll go swimming.

내일 비가 오지 않는 한, 나는 수영하러 갈 거야.

시간과 조건을 나타내는 부사절에서는 현재시제가 미래시제를 대신함

① 시간 종속접속사 = when, after, before, until 등

② 조건 종속접속사 = if, unless

🖊 다음 문장에서 부사절을 이끄는 종속접속사에 동그라미를 하세요. 빈칸에는 예시처럼 종속접속사가 무엇을(시간, 조건, 양보, 이유) 나타내는지 적어보세요.

> 보기
>
> I couldn't sleep (because) I was afraid of the black shadow.
>
> _____ 이유

---

1 If those trees die, we'll plant oak trees. _____

2 I hate ghost stories because they scare me. _____

3 You can get a refund if you have the receipt. _____

4 Although the service was slow, the clerk was polite. _____

5 Jane wants to be a professor when she grows up. _____

6 When Ann hears of her nephew's death, she'll burst into tears.

_____

7 Connor couldn't come because he had an accident in the morning.

_____

8 Although he denied the crime, the jury determined that he was guilty.

_____

✎ 각 문장이 문법적으로 맞으면 O, 틀리면 X에 표시한 후, 틀린 문장은 문법에 맞게 고치세요.

1 Look before you will leap.

뛰기 전에 봐라.(=돌다리도 두들겨 보고 건너라.) O X

2 He doesn't know if she will join the choir.

그는 그녀가 합창단에 들어갈지 아닐지 모른다. O X

3 Can you tell me when this gift shop will open?

이 선물 가게가 언제 문을 열지 말해줄 수 있니? O X

4 I won't be able to hear you unless you turn down the volume.

볼륨을 낮추지 않는 한 네 말을 들을 수가 없어. O X

5 I'll mail the novel to the publisher when Leo will finish writing.

레오가 집필을 마치면 내가 소설을 출판사에 보낼 것이다. O X

6 We can donate the profits to charities if they approve our project.

그들이 우리 프로젝트를 승인한다면 우리는 수익을 자선단체에 기부할 수 있다.

O X

7 They'll keep asking questions until they fully understand these concepts.

그들은 이 개념들을 완전히 이해할 때까지 계속 질문을 할 것이다. O X

8 When he enters the laboratory, his colleagues will congratulate him on his promotion.

그가 실험실에 들어오면, 그의 동료들이 그의 승진을 축하할 것이다. O X

PART

02

중학교 2학년 문법

조금씩 어려운 문법 요소가 나오지만
기초부터 다지면 어렵지 않아요.

LESSON 21 관계대명사와 형용사절

A 관계대명사란 무엇인가?

1-1의 영어 문장과 해석을 자세히 비교해 보면 좀 이상한 것이 있습니다. 우리말로 해석되지 않은 단어가 있는데 어떤 단어일까요?

1-1 That's the ball <u>that hit me.</u>　　　　　　　저게 <u>나를 맞힌(때린)</u> 그 공이야.

'저것'으로 해석되는 첫 번째 that과 달리 두 번째 that은 해석이 되지 않습니다. **1-1**은 다음과 같이 두 문장이 합쳐진 것입니다. 두 번째 that은 단지 두 문장을 연결하는 문법적 기능만 수행합니다.

1-2 That's <u>the ball</u>. + <u>It</u> hit me. = That's <u>the ball</u> <u>that</u> hit me.
　　　　　　　　　　　　　　　　　　　　　　　　선행사　　관계대명사

두 번째 that은 '관계대명사'라고 합니다. 두 문장을 연결하는(관계를 맺어 주는) 대명사라는 뜻이죠. 관계대명사 앞에 있는 단어를 선행사라고 하는데 '관계대명사 앞에(먼저) 가는 명사'라는 뜻입니다.

B 형용사절

관계대명사가 이끄는 절은 형용사절(또는 관계대명사절)이라고 합니다. 선행사를 꾸며주는 형용사 역할을 하기 때문이죠. 선행사에 따라 사용할 수 있는 관계대명사는 다음과 같습니다.

선행사	관계대명사
사람	who
사물, 동물	which
사람, 사물, 동물	that

1-1에서는 선행사가 사물(the ball)이므로 that이 사용되었고 **2**에서처럼 which를 사용할 수도 있습니다. (하지만 which는 구어체에서는 잘 사용되지 않습니다.) 물론 **3**에서처럼 who를 사용하는 것은 불가능합니다.

❷ That's the ball <u>which</u> hit me.　　❸ *That's the ball <u>who</u> hit me.

1-1 에서 관계대명사 that은 주어 It을 대신하여 사용되었습니다. 하지만 관계대명사는 ❹ 에서처럼 목적어(her)를 대신해서 사용될 수도 있습니다.

❹ That's the girl. + Jaden met her yesterday

　　That's the <u>girl</u> <u>who</u> Jaden met ø yesterday.
　　　　　선행사　관계대명사
　　재가 어제 제이든이 만난 아가씨야.

❹ 는 **1-1** 보다 복잡합니다. her를 관계대명사 who로 바꾼 뒤 who를 선행사 바로 뒤로 옮겨야 합니다. 관계대명사는 형용사절의 첫 부분에 위치해야 하기 때문이죠. ❹ 의 선행사(the girl)는 사람이므로 who 대신 that도 가능합니다. 물론 which는 불가능합니다. 그리고 문법적으로는 who의 목적격인 whom도 가능하지만, 구어체에서는 사용되지 않습니다.

❺ That's the girl <u>whom</u> Jaden met yesterday.

who의 소유격인 whose는 선행사가 ❻ 처럼 사람일 때와, ❼ 의 사물일 때 모두 사용될 수 있습니다.

❻ I have a <u>friend</u>. + <u>His</u> sister is a famous actress.
　　　　　　사람

　　I have a <u>friend</u> <u>whose</u> sister is a famous actress.
　　　　　　선행사　　소유격
　　나는 누나가 유명한 여배우인 친구가 있어.

❼ I have a <u>computer</u>. + <u>Its</u> monitor is broken.
　　　　　　　사물

　　I have a <u>computer</u> <u>whose</u> monitor is broken.
　　　　　　선행사　　　소유격
　　나는 모니터가 망가진 컴퓨터가 있어.

소유격인 whose는 선행사의 종류와 관계없이 사용됨

정답 P. 8

🖊 다음 문장이 문법적으로 맞으면 ◯, 틀리면 X에 표시한 후, **틀린** 문장은 문법에 맞게 고쳐보세요.

1 He is the guy who I met in the gym.　　　◯　　　X

그는 내가 체육관에서 만난 남자다.

2 Look at the book whose cover is yellow.　　　◯　　　X

표지가 노란색인 책을 봐.

3 He is the honest priest whom I can trust.　　　◯　　　X

그가 내가 믿을 수 있는 정직한 신부다.

4 Please give me the list who Rob confirmed.　　　◯　　　X

롭이 확인한 명단을 내게 줘.

5 Nolan is the person that lent me his calculator.　◯　　　X

놀란은 나에게 그의 계산기를 빌려준 사람이다.

6 He was a hero which saved people from danger.　◯　　　X

그는 사람들을 위험에서 구한 영웅이었다.

7 Maya is a dentist who can treat all kinds of tooth problems.

마야는 모든 종류의 치아 문제를 치료할 수 있는 치과의사다.　◯　　　X

8 There are criticisms who point out the side effects of artificial

hearts.

인공심장의 부작용을 지적하는 비판이 있다.　　　◯　　　X

✏️ 보기처럼 주어진 두 문장을 알맞은 관계대명사를 사용하여 해석에 맞는 하나의 문장
으로 적어보세요.

I have <u>some friends</u>. + <u>Their</u> parents are strict.

나는 부모님이 엄격한 친구가 몇몇 있다.

I have some friends whose parents are strict.

1 We saw a fox. + Its fur was silver.

_____ 우리는 털이 은색인 여우를 봤다.

2 Theodore is the shoe designer. + He lives next door.

_____ 티오도르는 옆집에 사는 신발 디자이너다.

3 There are many adults. + They suffer from mental illnesses.

_____ 정신질환을 앓는 어른들이 많다.

4 That is the woman. + Her husband is a famous baseball player.

_____

저 사람은 남편이 유명한 야구선수인 여자다.

5 He is the professional mechanic. + Our company absolutely

needs him. 그는 우리 회사가 절대적으로 필요로 하는 전문 정비공이다.

_____

6 The city council passed a law. + Its main purpose was to

increase taxes. 시의회는 세금인상이 주된 목적인 법을 통과시켰다.

_____

LESSON 22

what 명사절과 간접의문문

A what 명사절

다음 두 문장은 밑줄 친 부분이 다른데도 불구하고 뜻이 같습니다. 왜 그럴까요?

1-1 I want **the thing that she wants**. = I want **what she wants**.

나는 그녀가 원하는 것을 원해.

위 두 문장의 뜻이 같은 이유는 what이 '**선행사를 포함하는 관계대명사**'이기 때문입니다.

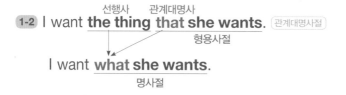

that she wants는 선행사 the thing을 꾸며주는 형용사절 역할을 합니다. 반면에 what she wants는 명사절 역할을 합니다. what절이 타동사 want의 목적어로 사용되었기 때문이죠. (who, which, that과 달리 what은 명사절을 이끌어서 '자유 관계대명사'라고도 합니다.)

관계대명사 what의 특징		
1. '~것'으로 해석됨	2. 선행사가 없음	3. 명사절을 이끎

B 의문사 what

that과 달리 what은 의문사로 사용될 수도 있습니다. 따라서 what이 의문사인지 관계대명사인지 구분하기 어려운 경우가 많습니다. 물론 **2-1** 에서처럼 직접의문에 사용된 what은 의문사라는 것을 바로 알 수 있습니다.

2-1 I always ask her, "**What do you want?**" 직접의문

"당신은 무엇을 원해?"라고 나는 항상 그녀에게 물어본다.

그러나 의문사 what이 **2-2**에서처럼 간접의문문에 사용되었을 때에는 관계대명사 what과 구분하기가 어렵습니다. 간접의문문에는 평서문(주어+동사)의 어순이 사용되기 때문이죠.

2-2 I always ask her **what she wants**. 〔간접의문문〕

　　　나는 그녀에게 항상 (그녀가) 무엇을 원하는지 물어봐.

이렇게 어순이 같을 때는 뜻의 차이로 구분해야 합니다. 관계대명사 what은 '～것'으로 해석되고 의문사 what은 '무엇'으로 해석되죠. **2-2**와 마찬가지로 **3**에서도 간접의문문에 사용된 what은 '무엇'으로 해석됩니다.

3 I wonder **what she wants**. 〔간접의문문〕

　　　나는 그녀가 무엇을 원하는지 궁금해.

who와 which도 각각 **4**와 **5**에서처럼 간접의문문에 사용될 수 있습니다. 하지만 what과 달리 관계대명사 who와 which는 항상 선행사를 동반하므로 who/which가 의문사인지 관계대명사인지는 혼동되지 않습니다.

4 He asked me **who she was**. 〔간접의문문〕

　　　그가 나에게 그녀가 누구인지 물어봤어.

5 She asked me **which I liked better**. 〔간접의문문〕

　　　그녀가 나에게 내가 어느 것을 더 좋아하는지 물어봤어.

그럼 의문사가 없는 Yes-No 의문문은 어떻게 간접의문문으로 바꿀까요? **6**에서처럼 if(또는 whether)를 사용하면 됩니다.

6 She asked me, "**Do you want to go home?**"

　➡ She asked me **if I wanted to go home**.　그녀는 내게 집에 가고 싶은지 물었다.

간접의문문에서는 you가 I로 바뀌고 want도 wanted로 바뀌는 것에 주의해야 합니다. asked와 같은 과거시제로 만들기 위해서 wanted로 바꾸는 것이죠.

간접의문문의 특징		
1. 의문사 또는 if(=whether)로 시작됨	2. 어순은 평서문과 동일	3. 명사절로 사용됨

🖋 주어진 문장과 뜻이 같고, 문법적으로 올바른 문장을 골라 동그라미 하세요.

1 She believes what the Bible says about angels.

그녀는 성경에서 천사에 대해 말하는 것을 믿는다.

(a) She believes the thing that the Bible says about angels.

(b) She believes the thing that says about angels in the Bible.

2 I often wonder what my clients want from me.

나는 종종 나의 고객들이 나에게 무엇을 원하는지 궁금하다.

(a) I often wonder, "What do my clients want from me?"

(b) I often wonder the thing that my clients want from me.

3 That is the thing that I could not remember until now.

그것이 내가 지금까지 기억할 수 없었던 것이다.

(a) That is what I could not remember until now.

(b) That is which I could not remember until now.

4 Nicholas advocated what we proposed for our community.

니콜라스는 우리가 우리 지역사회를 위해 제안한 것을 지지했다.

(a) Nicholas advocated which we proposed for our community.

(b) Nicholas advocated the thing that we proposed for our community.

5 I asked Gabriella, "Do you want to go jogging in the evening?"

나는 가브리엘라에게 저녁에 조깅을 하고 싶은지 물었다.

(a) I asked Gabriella if she wanted to go jogging in the evening.

(b) I asked Gabriella what she wanted to go jogging in the evening.

✎ 보기처럼 주어진 단어를 모두 사용하여 해석에 맞는 올바른 문장을 적어보세요.

보기

asked / what / his blood type / I / him / was

나는 그의 혈액형이 무엇인지 물었다.

I asked him what his blood type was.

1   dinner / if / had / I / he / wonder   나는 그가 저녁을 먹었는지 궁금해.

_____

2   Do / know / that / is / what / you   저게 뭔지 알아?

_____

3   she / in the factory / she / what / reported / saw

그녀는 공장에서 본 것을 보고했다.

_____

4   achieved / Elena / what / as a young girl / she / planned

엘레나는 어린 소녀로서 계획했던 것을 성취했다.

_____

5   the lady / was / where / asked / me / the nearest restroom

그 여성은 나에게 가장 가까운 화장실이 어디냐고 물었다.

_____

6   what / put off / don't / you / do / can / today / until tomorrow

오늘 할 수 있는 일을 내일로 미루지 마라.

_____

7   don't know / what / their son / they / to these poor animals /

did   그들은 자신의 아들이 이 불쌍한 동물들에게 무슨 짓을 했는지 모른다.

_____

능동태와 수동태

A 수동태

마트에서 MADE IN KOREA라고 적힌 상품을 본 적 있나요? 이 문구는 문장에서는 아래 **1**과 같이 사용할 수 있습니다.

1 <u>This pen</u> is made in Korea. 이 펜은 한국에서 만들어진다.
    주어

위 문장에서 This pen은 주어의 자리를 차지하고 있지만, 의미상으로는 목적어입니다. 누군가에 의해 This pen이 만들어지기 때문이죠. **1**처럼 **주어가 동작을 받는 문장**을 **수동태**라고 합니다. **2**처럼 **주어가 동작을 행하는 문장**은 **능동태**라고 하죠.

2 ?<u>Someone</u> makes <u>this pen</u> in Korea. 누군가가 이 펜을 한국에서 만든다.
     주어   목적어

그런데 **2**는 아무래도 뭔가 어색하죠? 불분명한 주어를 억지로 사용해서 문장을 만든 느낌이 듭니다. 이렇게 **주어가 불분명한 경우에는 능동태보다 수동태를 사용**하는 것이 자연스럽습니다.

🔖 수동태의 주어

수동태의 주어는 의미상으로는(능동태에서는) 목적어입니다. 따라서 **3**에서처럼 타동사의 목적어 (the elephant)가 수동태의 주어로 사용될 수 있습니다.

3 **The lion killed the elephant**. 능동태 사자가 코끼리를 죽였다.
     Ⓐ   타동사   Ⓑ

   The elephant was killed by the lion. 수동태 코끼리가 사자에 의해 죽임을 당
      Ⓑ   과거분사   Ⓐ   했다.

수동태에는 '과거분사'가 사용되는데 과거분사는 과거시제와 형태가 같습니다. 동사원형에 –ed를 붙이면 되죠.

물론 불규칙 동사의 과거분사는 따로 외워야 합니다. 보통은 hit-hit-**hit**, come-came-**come**, make-made-**made**, sing-sang-**sung**과 같이 '동사원형–과거–과거분사'를 한꺼번에 외우죠. (부록 참고)

> **과거분사**
> # 동사원형 + -ed

---B 능동태를 수동태로 바꾸는 방법

능동태를 수동태로 바꾸는 방법을 정리하면 다음과 같습니다. 동사는 'be + 과거분사'로 바뀌고 Ⓐ 앞에는 전치사 by가 사용됩니다.

능동태		수동태
Ⓐ + 타동사 + Ⓑ (Ⓐ가 Ⓑ를 ~하다)	➡	Ⓑ + be+과거분사 + by Ⓐ (Ⓑ가 Ⓐ에 의해 ~당하다)

❶을 위 공식대로 하면 ❹가 되는데, ❹는 ❷보다 더 안 좋습니다. by someone 때문에 문장이 더 길어지고 어색해졌기 때문입니다. 그래서 ❶처럼 'by Ⓐ'가 없는 수동태가 훨씬 더 많습니다.

❹ ?**This pen is made** in Korea **by someone**.
     Ⓑ   과거분사   Ⓐ
    이 펜은 누군가에 의해 한국에서 만들어진다.

수동태는 보통 'be + p.p. + by'를 사용해서 만든다고 하는데 p.p.는 past participle(=과거분사)의 약자입니다. 원칙적으로 p.p.가 present participle(=현재분사)의 약자가 될 수도 있지만 p.p.는 항상 과거분사를 뜻하죠.

참고로, '분사(分詞)'란 형용사와 동사의 성질을 반씩 가지고 있다는 뜻입니다. 현재분사와 과거분사가 a **sleeping** baby(잠자는 아기), a **haunted** house(유령의 집)에서처럼 명사를 꾸며주는 형용사처럼 사용될 수도 있고, 현재분사는 '진행형'에서 과거분사는 '수동태'와 '완료형(=Lesson 24)'에서 동사처럼 사용될 수 있으므로 붙여진 이름이죠.

다음 문장이 해석에 맞으면 O, 틀리면 X에 표시한 후, 틀린 문장은 맞게 고쳐보세요.

1 Hangul invented King Sejong.　　　　　　　　O　X

한글은 세종대왕에 의해 창제되었다.

2 All vehicles are imported from China.　　　　　O　X

모든 차량은 중국에서 수입된다.

3 This territory is ruled by local nobles.　　　　O　X

이 지역은 지역 귀족들의 지배를 받는다.

4 My parents forced me to go to college.　　　　O　X

나의 부모님은 나에게 대학에 가라고 강요했다.

5 His body was discovered this afternoon.　　　O　X

그의 시체는 오늘 오후에 발견되었다.

6 This military aircraft powers by a jet engine.　O　X

이 군용기는 제트엔진으로 구동된다.

7 She was envied her friends who have a boyfriend.　O　X

그녀는 남자친구가 있는 친구들이 부러웠다.

8 The proposal rejected by the Department of Education.　O　X

그 제안은 교육부에 의해 거부되었다.

🖊 보기의 단어 중 알맞은 단어를 사용하여 해석에 맞게 문장을 완성하세요. 필요시 같은 단어를 여러 번 사용하세요.

보기

> be, resolve, hit, connect, attack, bury, surround, disturb, will

1 I _____ _____ by noisy goats.

나는 시끄러운 염소들에 의해 방해받았다.

2 The bridge _____ _____ two islands.

그 다리는 두 섬을 연결할 것이다.

3 This place _____ _____ by low hills.

이 장소는 낮은 언덕으로 둘러싸여져 있다.

4 Three people _____ _____ by a bear.

세 사람이 곰에게 공격을 당했다.

5 She knows where the treasure _____ _____.

그녀는 그 보물이 어디에 묻혀있는지 알고 있다.

6 Ezra's car _____ _____ by a van on the highway.

에스라의 차는 고속도로에서 승합차에 치였다.

7 Our copyright problem _____ _____ through a smooth negotiation.

우리의 저작권 문제는 원만한 협상을 통해 해결되었다.

LESSON 24 현재완료

A **현재완료란 무엇인가?**

have는 '~을 가지다'라는 뜻의 타동사입니다. 그럼 다음 두 문장은 어떻게 해석할까요?

1-1 I have finished my homework.   **1-2** I finished my homework.

1-1에서 have는 특별한 뜻이 없는 조동사(=도와주는 동사)로 사용되었습니다. 따라서 '나는 내 숙제를 마쳤어'로 해석됩니다. 그러면 **1-2**처럼 말해도 되는데 왜 굳이 have를 사용할까요? **1-1**과 **1-2**는 별 의미 차이가 없는데 yesterday는 **1-2**에만 붙일 수 있습니다. 왜 그럴까요?

2-1 *I have finished my homework yesterday.

2-2 I finished my homework yesterday.   나는 어제 내 숙제를 마쳤어.

첫 번째 질문은 답하기가 쉽지 않습니다. 'have/has + 과거분사(p.p.)' 형태를 **현재완료**라고 하는데 **과거에 발생한 일이 현재까지 어떤 영향을 미친다**는 것입니다. 그런데 **1-1** 문장에서는 현재에 어떤 영향을 미치는 건지 명확하지 않습니다. 따라서 **1-1**과 **1-2**의 의미 차이를 거의 구분할 수 없습니다.

> **현재완료**
> # have/has + 과거분사(p.p.)
> 과거에 발생한 일이 현재까지 어떤 영향을 미칠 때 사용

두 번째 질문의 답은 간단합니다. yesterday는 **명확한 과거 시점**을 나타내므로 현재와 관련이 있는 시제인 현재완료와는 사용될 수 없습니다. 반면에 recently와 같이 **불명확한 과거**를 나타내는 단어는 현재완료와 과거시제에 모두 사용될 수 있습니다.

3-1 I have moved to Busan recently.   나는 최근에 부산으로 이사 갔어.

3-2 I moved to Busan recently.   나는 최근에 부산으로 이사 갔어.

--- B 현재완료의 용법

현재완료의 용법이 가장 잘 이해되는 문장들은 모두 **④**처럼 '**~한 적이 있다**'라는 뜻이 있습니다.

④ A: Have you been to China before? 너는 중국에 가 본 적 있어?

  B: Yes, I have (been to China before). 응, 있어.

그리고 **⑤**처럼 '**계속 ~해 오고 있다**'라는 뜻으로 사용되는 현재완료의 용법도 이해하기 쉽습니다.

⑤ A: How long have you been in Korea? 너는 한국에 얼마나 오래 살았어?

  B: I've been in Korea for 13 years. 한국에서 13년 동안 계속 살았어.

그럼 다음 문장에서는 과거에 발생한 일이 현재에 어떤 영향을 미치고 있을까요?

⑥ I have lost my wallet. 나는 내 지갑을 잃어버렸어.

지갑을 잃어버린 일이 현재에도 영향을 미치고 있으므로 아직 지갑을 찾지 못했다는 뜻이 됩니다.

📕 현재완료의 네 가지 용법

현재완료의 용법은 다음 네 가지로 정리될 수 있습니다. 이 중 가장 이해하기 힘든 것은 'Ⓐ 완료'입니다. 한국어로는 현재완료의 완료 용법과 과거시제를 다르게 표현할 수 없기 때문이죠.

	의미	예문
Ⓐ 완료	~하였다	I have finished my homework. 나는 내 숙제를 끝냈어.
Ⓑ 경험	~한 적이 있다	I have been to China before. 나는 중국에 가 본 적이 있어.
Ⓒ 계속	~해 오고 있다	I've been in Korean for 13 years. 나는 한국에서 13년 동안 계속 살았어.
Ⓓ 결과	~해 버렸다	I have lost my wallet. 나는 내 지갑을 잃어버렸어. (그래서 지금 없어.)

정답 P. 9

빈칸에 들어갈 알맞은 단어를 골라 해석에 맞게 문장을 완성하세요.

1 Naomi _____ her key. ① lost ② has lost

나오미는 열쇠를 잃어버렸어. (그래서 지금 없어.)

2 I _____ very busy recently. ① am ② have been

나는 최근에 매우 바빴다.

3 A: Have you ever seen a snake?

B: Yes, I _____ a snake. ① saw ② have seen

A: 너 뱀 본 적 있어? B: 응, 나는 뱀을 본 적이 있어.

4 He _____ in Russia for eight years.

그는 러시아에서 8년 동안 계속 살았다. ① lived ② has lived

5 She _____ her umbrella on the train yesterday.

어제 그녀는 우산을 기차에 두고 내렸다. ① left ② has left

6 A: How long has Alice been in England?

B: She _____ in England since elementary school.

A: 앨리스는 얼마나 오래 영국에 있었어? ① is ② has been

B: 그녀는 초등학교 때부터 영국에 있었어.

7 Several drug addicts _____ to our clinic last week.

몇몇 마약 중독자들이 지난주에 우리 치료소에 왔다. ① came ② has come

보기의 단어 중 알맞은 단어를 사용하여 해석에 맞게 문장을 완성하세요. 필요시 같은 단어를 여러 번 사용하거나 동사 형태를 바꾸세요.

> **보기**
>
> have, return, be, hear, participate, call, hunt

1   Eva _____ a cab a few minutes ago.

에바는 몇 분 전에 택시를 불렀다.

2   Where _____ you at the furniture fair?

가구 박람회에서 어디에 있었어?

3   She _____ in the training session before.

그녀는 이전에 연수에 한 번 참가한 적이 있다.

4   They _____ whales for thousands of years.

그들은 수천 년 동안 고래를 사냥해왔다.

5   Jordan _____ from his trip the day before yesterday.

조던은 그저께 여행에서 돌아왔다.

6   It _____ five years since we graduated from university.

우리가 대학을 졸업한 지 5년이 되었다.

7   I _____ never _____ of a bat that does not live in a cave.

나는 동굴에 살지 않는 박쥐에 대해 들어본 적이 없다.

LESSON 25

불완전타동사

A 불완전타동사

make는 '~을 만들다'라는 뜻의 타동사입니다. 그런데 ❶에서는 좀 다른 뜻으로 사용되었습니다.

❶ He makes me happy.　　　그는 나를 행복하게 해.

위 문장에서 make는 '~가 어떻게 되도록 하다'라는 뜻의 **불완전타동사**로 사용되었습니다. 불완전타동사와 일반 타동사의 차이점은 ❷와 ❸에 잘 나타납니다.

❷ He <u>makes</u> shoes.　　　그는 신발을 만들어.
　　　　타동사

❸ ?He <u>makes</u> me.　　　그는 나를 만들어.
　　　불완전타동사　　　　　(= 그는 나를 어떻게 되도록 해.)

❶과 달리 ❸은 그가 나를 어떻게 되도록 하는지 설명해주는 단어가 없으므로 문장이 성립하지 않습니다. ❶에서 me 뒤에 happy가 사용된 이유가 바로 이것이죠. happy는 목적어인 me를 보충 설명해주므로 '목적격보어'라고 합니다. 그리고 **목적격보어를 취하는 동사**를 불완전타동사라고 하죠.

불완전타동사	목적격보어
목적격보어를 취하는 동사	**목적어를 보충 설명하는 단어**

불완전자동사는 Lesson 14에서 보어를 취하는 동사라고 배웠습니다. 정확히 말하면 **불완전자동사는 '주격보어'를 취하는 동사**입니다. ❹에서 a student와 happy는 모두 주어 I를 보충 설명해주므로 주격보어가 되는 것이죠.

❹ I am <u>a student</u>.　　　　　　I am <u>happy</u>.
　　　주격보어　　　　　　　　　　　　주격보어

주격보어로 명사와 형용사가 사용될 수 있는 것처럼 목적격보어로도 명사와 형용사가 사용될 수 있습니다.

⑤ She makes me a better man.
　　　　　　　목적어　　목적격보어

그녀는 나를 더 좋은 사람이 되게 해.

⑤에서는 a better man이 목적격보어로 사용된 것이 확실하지만 ⑥에서처럼 a cake가 목적격보어인지 직접목적어인지 구분하기 어려운 예도 있습니다. ⑥은 ⓐ와 ⓑ 두 가지로 해석할 수 있기 때문이죠.

⑥ I'll make you a cake.

ⓐ 나는 너를 케이크가 되게 할 거야.

ⓑ 나는 너에게 케이크를 만들어 줄 거야.

ⓐ는 마법사나 할 수 있는 말이므로 친구가 나에게 한 말이라면 ⓑ의 뜻이 됩니다. ⓑ에서 make는 수여동사로 사용되었습니다. '~에게 ~을 만들어 주다'라는 뜻으로 사용되었기 때문입니다. 그럼 you는 간접목적어, a cake는 직접목적어가 되겠죠. ⓐ에서는 make가 불완전타동사로 사용되었습니다. '~가 어떻게 되도록 하다'라는 뜻으로 사용되었기 때문입니다. 그럼 a cake는 목적격보어가 되겠죠.

ⓐ I'll make you a cake.
　　불완전타동사　　목적격보어

나는 너를 케이크가 되게 할 거야.

ⓑ I'll make you a cake.
　　수여동사　　직접목적어

나는 너에게 케이크를 만들어 줄 거야.

목적격보어를 취하는 대표적인 동사로는 keep, call, find 등이 있습니다.

⑦ I'll keep you safe.
　　불완전타동사　목적격보어

내가 널 안전하게 지켜줄게.

⑧ She called me a coward.
　　불완전타동사　　목적격보어

그녀는 나를 겁쟁이라고 불렀다.

⑨ He finds this very difficult.
　　불완전타동사　　목적격보어

그는 이것을 몹시 어렵다고 느낀다.

정답 P. 9

✎ 다음 문장이 문법적으로 맞으면 O, 틀리면 X에 표시한 후, 틀린 문장은 문법에 맞게 고쳐보세요.

1 I'll keep you safely.   O   X

내가 널 안전하게 지켜줄게.

2 I find him very funny.   O   X

난 그가 아주 재미있다고 생각한다.

3 She left the drawer open.   O   X

그녀는 서랍을 열어 두었다.

4 They elected chairman him.   O   X

그들은 그를 의장으로 선출했다.

5 He always makes me angry.   O   X

그는 나를 항상 화나게 한다.

6 Did you paint the ceiling gray?   O   X

천장을 회색으로 칠했어?

7 Dominic made me a paper boat.   O   X

도미닉은 나에게 종이배를 만들어 주었다.

8 My brother called me immediately.   O   X

내 동생이 바로 나에게 전화를 걸었다.

✎ 보기처럼 주어진 단어를 모두 사용하여 해석에 맞는 문장을 적어보세요.

보기

made / extremely / rich / them / the investment

그 투자는 그들을 매우 부유하게 했다.

The investment made them extremely rich.

1   the kid / please / alone / leave

_____   제발 그 아이를 내버려 둬.

2   considered / I / him / enemy / my

_____   나는 그를 나의 적이라고 여겼다.

3   purple / she / the chair / paint / will

_____   그녀는 의자를 보라색으로 칠할 것이다.

4   me / drives / crazy / this / loud alarm

_____   이 시끄러운 알람은 나를 미치게 한다.

5   kept / a severe headache / me / awake

_____   심한 두통이 나를 잠들 수 없게 했다.

6   Austin / named / their / the couple / son

_____   그 부부는 아들의 이름을 오스틴으로 지었다.

7   asleep / me / in the garage / cousin / found / my

_____   내 사촌이 차고에서 잠이 든 나를 발견했다.

LESSON 26 원형부정사

----- A 원형부정사

영어에서 가장 기본적인 규칙 중 하나는 두 개의 (본)동사를 이어서 쓸 수 없다는 것입니다. (조동사와 본동사는 이어서 쓸 수 있습니다.) ❶에서 동사 사이에 to를 넣어야 하는 것도 바로 이 규칙 때문입니다.

❶ *She wants clean my room. ➡ She wants **to clean** my room. [to부정사]
　　　동사　　동사　　　　　　　　　　　　타동사　　목적어
　　　　　　　　　　　　　　　　　　　그녀는 내 방을 청소하기를 원한다.

to clean은 to부정사입니다. to부정사는 명사처럼 사용될 수 있으므로 ❶에서 to clean my room은 want의 목적어가 됩니다. 만약 청소를 '내가' 하는 것으로 문장을 바꾸려면 ❷에서처럼 me를 넣어주면 됩니다.

❷ She wants me to clean my room.　　그녀는 내가 내 방을 청소하기를 원한다.
　　　불완전타동사　목적어　　목적격보어

❷에서 to clean my room은 목적어인 me를 보충 설명하므로 목적격보어가 됩니다. 보어로는 형용사 또는 명사가 사용되므로 to부정사의 명사적 용법이 보어로 사용된 것이죠. ❸~❺에서는 동사가 보어로 사용된 것 같은데, clean은 모두 '원형부정사(=부정사로 사용되는 동사원형)'입니다.

❸ She **made** me clean my room.　*She made me to clean my room.
　　　그녀는 내가 내 방을 청소하도록 만들었어.

❹ She **had** me clean my room.　　*She had me to clean my room.
　　　그녀는 내가 내 방을 청소하도록 했어.

❺ She **let** me clean my room.　　*She let me to clean my room.
　　　그녀는 내가 내 방을 청소하도록 허락했어.

make, have, let은 모두 원형부정사를 목적격보어로 취하고 '～을 ～하게 하다(시키다)'라는 뜻이 있습니다. make는 have보다 강제의 의미가 강하고 let은 허락한다는 뜻입니다.

③～⑤에서 clean이 동사원형이 아닌 원형부정사라는 것은 수동태에서 알 수 있습니다. ⑥과 같은 수동태에서는 원형부정사가 to부정사로 바뀌어야 합니다.

⑥ I was made to clean my room (by her).   *I was made clean my room.
　　　　　과거분사　　to부정사　　　　　　　　　　　　　　　　　　　　　원형부정사
　나는 (그녀에 의해) 내 방을 청소하도록 만들어졌어.

----B 목적격보어로 원형부정사를 취하는 동사

make, have, let과 달리 help는 ⑦에서처럼 **원형부정사와 to부정사를 모두 취할 수 있습니다.**

⑦ She helped me clean my room.   She helped me to clean my room.
　　　　　　　　　원형부정사　　　　　　　　　　　　　　　　to부정사
　그녀는 내가 내 방을 청소하는 것을 도와줬어.

보고, 듣고, 느낀 것을 서술할 때 사용하는 see, hear, feel도 원형부정사를 취할 수 있습니다.

⑧ I **saw/heard/felt** the door close. *I saw/heard/felt the door to close.
　　　　　　　　　　　　원형부정사　　　　　　　　　　　　　　　　　　to부정사
　나는 문이 (완전히) 닫히는 것을 보았다/들었다/느꼈다.

see, hear, feel의 특징은 현재분사와 과거분사도 목적격보어로 취할 수 있다는 것입니다. 현재분사는 ⑨에서처럼 진행형의 뜻을 나타내고 과거분사는 ⑩에서처럼 수동태의 뜻을 나타냅니다.

⑨ I **saw/heard/felt** the door closing.
　　　　　　　　　　　　　현재분사
　나는 문이 닫히고 있는 것을 보았다/들었다/느꼈다.

⑩ I **saw/heard/felt** the door closed.
　　　　　　　　　　　　　과거분사
　나는 문이 누군가(또는 무엇)에 의해 닫히는 것을 보았다/들었다/느꼈다.

help	see, hear, feel
원형부정사 또는 to부정사를 취할 수 있음	**원형부정사, 현재분사 또는 과거분사를 취할 수 있음**

✏️ 다음 문장이 문법적으로 맞으면 O, 틀리면 X에 표시한 후, <u>틀린</u> 문장은 고쳐보세요.

---

1 You can watch me to do it.   O X

내가 하는 거를 보면 돼.

2 I won't let them hurt my wife.   O X

나는 그들이 내 아내를 다치게 하지 않을 거야.

3 We saw him to enter the bathroom.   O X

우리는 그가 욕실에 들어가는 것을 보았다.

4 She was made finish her homework.   O X

그녀는 숙제를 끝내도록 만들어졌어.(=강요받았어.)

5 When do you want create a new lawn?   O X

언제 새 잔디밭을 만들고 싶니?

6 This medicine will help to ease your pain.   O X

이 약은 너의 통증을 더는 데 도움이 될 것이다.

7 Frequent hand washing helps keep your family healthy.   O X

잦은 손 씻기는 당신의 가족을 건강하게 유지하는 데 도움이 된다.

8 It made us realize that quality was more important than quantity.

이것은 우리에게 양보다 질이 더 중요하다는 것을 깨닫게 했다.   O X

116

정답 P. 9

✎ 보기에서 알맞은 단어를 사용하여 각 문장을 해석에 맞게 완성하세요. 필요하면 동사 형태를 바꾸세요.

보기

> complain, wrap, call, advertise, stare, repair, swim, gamble

1 I saw him _____.

나는 그가 도박하고 있는 것을 보았다.

2 He had Ian _____ the stairs.

그는 이안에게 계단을 수리하도록 했어.

3 Ruby heard her name _____.

루비는 그녀의 이름이 누군가에 의해 불리는 것을 들었다.

4 We help her _____ a toy telephone.

우리는 그녀가 장난감 전화기를 포장하는 것을 돕는다.

5 I felt people _____ at me in the club.

나는 클럽에서 사람들이 나를 쳐다보고 있는 것을 느꼈다.

6 My neighbor let me _____ in his pool.

내 이웃은 내가 그의 수영장에서 수영하도록 허락했다.

7 Do you want _____ your business on the radio?

라디오에서 너의 사업을 광고하고 싶어?

8 Adam never heard me _____ about the guidelines.

아담은 내가 그 지침에 대해 불평하는 것을 전혀 듣지 못했다.

LESSON 27

가주어 It과 It ~ that 강조

 가주어 It

아래 문장은 문법적으로는 완벽한데 한 가지 단점이 있습니다. 술부인 is important와 비교해 주어가 너무 길다는 것이죠.

1-1 **To do your homework every day** is important. 〔너무 긴 주어〕
　　　너의 숙제를 매일 하는 것은 중요하다.

주어를 짧게 만들려면 **1-2** 에서처럼 긴 주어를 문미(=문장의 끝부분)로 보내고 주어 자리에 It을 사용하면 됩니다. 이렇게 사용된 It을 가주어(=가짜 주어) It이라고 하죠.

1-2 **It** is important to do your homework every day. 〔가주어 It〕
　　　너의 숙제를 매일 하는 것은 중요하다.

가주어 It은 **2** 에서처럼 긴 명사절 주어를 대신해서 사용될 수도 있습니다.

2 **That you do your homework every day** is important. 〔긴 명사절 주어〕

　= **It** is important **that you do your homework every day**. 〔가주어 It〕
　　네가 매일 너의 숙제를 하는 것은 중요하다.

> **가주어 It**
> **긴 주어를 문미로 보내고 빈 주어 자리에 사용되는 It**

---- **B** **가주어 It이 필요한 이유**

그런데 굳이 가주어 It을 사용해서 문법적으로 문제가 없는 문장의 주어를 짧게 만드는 이유는 무엇일까요? 모든 문장은 최대한 다음 두 가지의 원리를 따르는 것이 좋습니다.

Ⓐ 길고 복잡한 정보를 문장의 뒤로 보낸다. (= 문미비중)
Ⓑ 구정보로 시작해서 신정보로 끝난다. (= 구정보–신정보 배열)

가주어 It을 사용하면 위 두 가지의 원리가 모두 충족됩니다. 신정보를 담고 있는 긴 주어를 문미로 보내고 가주어 It을 사용함으로써 문두는 짧아지고 구정보로 시작하기 때문이죠. (모든 대명사는 구정보로 간주합니다.) 하지만 가주어 It이 항상 사용될 수 있는 것은 아닙니다.

3-1 **Doing your homework every day** is important. 〔동명사구〕

3-2 *It is important <u>doing your homework every day</u>.

3-2 가 비문인 이유는 important, necessary, essential과 같이 중요함 또는 필요성을 나타내는 형용사들은 뒤에 동명사를 사용할 수 없기 때문입니다. **4** 에서 to부정사와 동명사가 모두 가능한 이유는 difficult가 중요함/필요성과 관계없는 형용사이기 때문입니다. (difficult와도 동명사보다는 to 부정사가 자주 사용됩니다.)

4-1 It is **difficult** **to do your homework every day**. 〔to부정사구〕
숙제를 매일 하는 것은 어렵다.

4-2 It is **difficult** **doing your homework every day**. 〔동명사〕
숙제를 매일 하는 것은 어렵다.

important, necessary, essential과 같이 중요함/필요성을 나타내는 형용사들이 to부정사와 호응이 잘되는 이유는 to부정사는 아직 발생하지 않은 상황을 나타내기 때문입니다. (Lesson 11 참고)

가주어 It은 주로 to부정사구와 명사절을 대신함

C It ~ that 강조구문

다음의 ⑤는 It으로 시작해서 가주어 It 문장과 비슷하게 생겼지만, 전혀 다른 문장입니다. ⑤가 가주어 It 문장이 아니라는 것은 It을 없애고 주어 자리에 that절을 넣어보면 알 수 있죠. ②와 달리 ⑥은 비문입니다.

⑤ <u>It</u> is you <u>that must do your homework every day</u>. [It ~ that 강조구문]

매일 너의 숙제를 해야 하는 사람은 바로 너다.

⑥ *<u>That must do your homework every day</u> is you.

⑤와 같은 문장은 'It ~ that 강조구문'이라고 합니다. It과 that 사이에 강조하고 싶은 단어(또는 구)를 넣은 문장이라는 뜻이죠. ⑤의 원래 문장은 ⑦입니다. You를 It is와 that 사이에 넣어서 강조한 것이죠.

⑦ <u>You</u> <u>must do your homework every day</u>.

It is <u>**you**</u> that <u>must do your homework every day</u>.

It is <u>**you**</u> who <u>must do your homework every day</u>.

⑦에서처럼 사람을 강조할 때는 that 대신 who도 가능합니다. 주어 You뿐만이 아니라 ⑧에서처럼 목적어 your homework를 강조할 수도 있고, ⑨에서처럼 부사구 every day를 강조할 수도 있습니다.

⑧ It is **your homework** that <u>you must do every day</u>.

⑨ It is **every day** that <u>you must do your homework</u>.

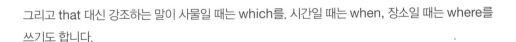

그리고 that 대신 강조하는 말이 사물일 때는 which를, 시간일 때는 when, 장소일 때는 where를 쓰기도 합니다.

10-1 It was last Sunday **when** I met Jeff in the park. (시간)

내가 제프를 공원에서 만난 때는 바로 지난 일요일이었다.

10-2 It was in the park **where** I met Jeff last Sunday. (장소)

내가 지난 일요일에 제프를 만난 곳은 바로 공원이었다.

> **It ~ that 강조구문**
> **It과 that 사이에 강조하고 싶은 단어/구를 넣은 문장**

▶ **의미상 주어**

to부정사의 행위자가 주어 또는 목적어와 같거나 일반인일 경우 특별히 따로 나타내지 않습니다. 그러나 그 외는 to부정사 앞에 주로 「for + 목적격」을 사용하여 나타내며 '의미상의 주어'라고 부릅니다.

- It is difficult **for Jane** to do your homework.
  제인이 네 숙제를 하는 것은 어렵다.
- It will be easy **for you** to solve the puzzle by yourself.
  퍼즐을 너 스스로 푸는 것은 너에게 쉬울 것이다.

정답 P. 10

🖋 다음 문장이 문법적으로 맞으면 O, 틀리면 X에 표시한 후, 틀린 문장은 고쳐보세요.

1 It is no use crying over spilled milk.　　　　　O　　X

엎질러진 우유를 두고 울어봐야 소용없다. / 이미 엎질러진 물이다.

2 It is essential building trust as a leader.　　　　O　　X

지도자로서 신뢰를 쌓는 것은 필수적이다.

3 It is not necessary peeling all the fruits.　　　　O　　X

모든 과일의 껍질을 벗길 필요는 없다.

4 It was a zebra that Jason saw in the zoo.　　　　O　　X

제이슨이 동물원에서 본 것은 얼룩말이었다.

5 It is difficult to live on the minimum wage.　　　O　　X

최저임금으로 생활하는 것은 어렵다.

6 It is always difficult starting a new relationship.　O　　X

새로운 관계를 시작하는 것은 항상 어렵다.

7 It was Lydia that I met at the airport by accident.　O　　X

내가 공항에서 우연히 만난 사람은 리디아였다.

8 It is important admitting our faults before we apologize.　O　　X

사과하기 전에 우리의 잘못을 인정하는 것이 중요하다.

각 문장을 가주어 **It**을 사용하여 바꾸거나, 해석에 맞게 **It ~ that** 강조구문으로 바꿔
보세요.

1   I rescued Melanie from the fire.

_____   내가 화재에서 구해낸 사람은 멜라니였다.

2   We went to Jeju Island by ferry.

_____   우리가 제주도에 타고 간 것은 페리였다.

3   That water boils at 100°C is true.

_____   물이 100도에서 끓는 것은 사실이다.

4   To keep animals in a small cage is cruel.

동물들을 작은 우리에 가두어 두는 것은 잔인하다.

_____

5   I first met my husband on Christmas Eve.

내 남편을 처음 만난 것은 크리스마스 이브였다.

_____

6   That Peter Parker was wrong was obvious.

_____   피터 파커가 틀렸다는 것이 분명했다.

7   The complete recovery of cancer made me happy.

_____   나를 행복하게 한 것은 암의 완치였다.

8   To see all the beautiful flowers in the garden was amazing.

정원에 있는 아름다운 꽃들을 보는 것이 놀라웠다.

_____

LESSON 28
not only ~ but also와 as well as

 not only ~ but also

두 가지를 연결하는 가장 간단한 방법은 **1**에서처럼 and를 사용하는 것입니다.

1 She is a great singer <u>and</u> a great dancer.

그녀는 훌륭한 가수이자 훌륭한 댄서이다.

and는 동등한 두 가지를 연결하므로 "Ⓐ and Ⓑ"에서 강조되는 것은 없습니다. 만약 Ⓐ보다 Ⓑ를 강조하고 싶으면 **2**에서처럼 "not only Ⓐ but also Ⓑ"를 사용하면 됩니다.

2 She is **not only** a great singer **but also a great dancer**.

그녀는 훌륭한 가수일 뿐만 아니라 훌륭한 댄서이기도 하다.

만약 Ⓑ보다 Ⓐ를 강조하려면 **3**에서처럼 "Ⓐ as well as Ⓑ"를 사용하면 됩니다. 물론 Ⓐ와 Ⓑ의 순서를 바꿔서 "not only Ⓑ but also Ⓐ"라고 해도 되겠죠.

3 She is <u>**a great singer**</u> **as well as** <u>a great dancer</u>.

= She is **not only** <u>a great dancer</u> **but also** <u>a great singer</u>.

그녀는 훌륭한 댄서일 뿐만 아니라 훌륭한 가수이기도 하다.

따라서 and 대신 not only ~ but also 또는 as well as를 사용할 수 있는데 두 표현이 강조한 것이 각각 다르다는 것을 기억해야 합니다.

not only Ⓐ but also Ⓑ
Ⓐ뿐만 아니라 Ⓑ이기도 = Ⓑ 강조

Ⓐ as well as Ⓑ
Ⓑ뿐만 아니라 Ⓐ이기도 = Ⓐ 강조

--- B as well as

not only ~ but also와 as well as는 ④에서처럼 형용사를 연결할 수도 있습니다.

④ This pizza is not only <u>salty</u> but also <u>spicy</u>.

= This pizza is <u>spicy</u> as well as <u>salty</u>.

이 피자는 짤 뿐만 아니라 맵기도 하다.

as well as는 구전치사이므로 뒤에는 동사 대신 동명사를 사용하는 것이 원칙입니다.

⑤ He not only <u>does</u> the dishes but also <u>cooks</u>.

= He <u>cooks</u> as well as **doing** the dishes. 동명사

그는 설거지할 뿐만 아니라 요리도 한다.

그런데 The Cambridge Grammar of the English Language(Huddleston & Pullum, 2002, pp. 1316–1317)는 ⑥에서처럼 동사도 사용할 수 있다고 합니다. 만약, ⑦에서처럼 as well as 다음에 주어를 사용하면 뜻이 변합니다.

⑥ He cooks as well as <u>does</u> the dishes.

그는 설거지할 뿐만 아니라 요리도 한다.

⑦ He cooks as well as <u>he</u> does the dishes.

그는 설거지를 잘하는 것만큼 요리도 잘한다.

위 두 문장의 의미가 다른 이유는 ⑦에서 as well as가 '원급 비교급'으로 사용되었기 때문입니다. 'as + 형용사/부사의 원급 + as'를 사용해 두 대상을 비교하는 것을 원급 비교급이라고 합니다.

⑧ She is **as tall as** I am. as+형용사의 원급+as

그녀는 나만큼 키가 크다.

⑨ He plays tennis **as well as** I do. as+부사의 원급+as

그는 나만큼 테니스를 잘 친다.

> **as well as는 구전치사이므로 뒤에 동명사를 사용하는 것이 원칙임**
>
> **as well as 뒤에 주어+동사가 나오면 원급 비교급으로 해석됨**

정답 P. 10

✏️ 다음 문장이 해석과 문법적으로 맞으면 O, 틀리면 X에 표시한 후, 틀린 문장은 고쳐 보세요.

1 Her cat is not only loyal but also charming.　　O　X

그녀의 고양이는 매력적일 뿐만 아니라 충실하기도 하다.

2 He moved as gracefully as did on the stage.　　O　X

그는 내가 무대에서 했던 것만큼 우아하게 움직였다.

3 It will reduce dense fog as well as fine dust.　　O　X

이것은 짙은 안개뿐만 아니라 미세먼지도 줄일 수 있을 것이다.

4 This apple pie tastes not only sweet but also sour.　　O　X

이 사과 파이는 달콤할 뿐만 아니라 시큼하기도 하다.

5 Teenagers as well as adults can participate in the writing

contest.　　O　X

성인뿐만 아니라 십 대도 글쓰기 대회에 참가할 수 있다.

6 Smoking not only stains your teeth but also gives you bad

breath.　　O　X

담배를 피우는 것은 너의 치아를 누렇게 할 뿐만 아니라 입 냄새도 나게 한다.

7 Jason manages the budget as well as to order the office

equipment.　　O　X

제이슨은 사무용품을 주문할 뿐만 아니라 예산도 관리한다.

8 Some people say that artificial intelligence is not as smarter as

humans.　　O　X

어떤 사람들은 인공지능이 인간만큼 똑똑하지 않다고 말한다.

✏️ 보기처럼 주어진 단어를 모두 사용하여 해석에 맞는 문장을 적어보세요.

several museums / we / not only / toured / but also /
ancient castles   우리는 고대 성 뿐만 아니라 여러 박물관을 여행했다.
We toured not only ancient castles but also several museums.

1   Julia / as / earn / much / I / doesn't / do / as

_____   줄리아는 나만큼 돈을 벌지 못한다.

2   in the lake / dived / swam / as / he / as / well

_____   그는 호수에서 수영뿐만 아니라 다이빙도 했다.

3   was / I was / as / nervous / the bride / as / that / realized / I

_____   나는 신부가 나만큼 긴장했다는 것을 깨달았다.

4   are / evil spirits / as / afraid / as / of / well / they / monsters

_____   그들은 괴물뿐만 아니라 악령도 두려워한다.

5   found / his voice / but also / the audience / sad / not only / attractive

관객들은 그의 목소리를 슬프기만 할 뿐만 아니라 매력적으로도 느꼈다.

_____

6   she / the brick wall / the desk / not only / but also / broke / destroyed

그녀는 책상을 부수었을 뿐만 아니라 벽돌벽도 파괴했다.

_____

LESSON 29
so ~ that과 too ~ to

A so ~ that —

아래의 ❶은 배가 많이 고플 때 쓰는 표현입니다. 이 문장에는 생략된 단어가 있는데 그 단어는 무엇일까요?

❶ I'm <u>so</u> hungry I could eat a horse.
　　나는 배가 너무 고파서 말도 먹을 수 있어.

'so ~ that —'은 '너무 ~해서 —하다'라는 뜻으로 자주 사용되는 표현입니다. 따라서 ❶에서 생략된 단어는 that입니다(<u>that</u> I could eat a horse). 일상대화에서는 ❷에서처럼 that절 없이 so만 사용하는 경우가 많습니다.

❷ I was <u>so</u> bored.
　　나는 정말 지루했어.

그런데 격식 있는 글쓰기에서는 so를 사용하면 ❸에서처럼 뒤에 that절을 꼭 사용해야 합니다.

❸ I was <u>so</u> bored <u>that</u> I fell asleep.
　　나는 너무 지루해서 잠이 들었어.

회화에서는 ❶에서처럼 that절의 that을 생략하는 경우가 많지만, 문어체에서는 생략하지 않는 것이 좋습니다. 그리고 문어체에서는 ❷에서처럼 that절 없이 사용된 so는 very로 바꾸는 것이 좋습니다. (사실 문어체는 간결성을 중요시하기 때문에 very와 같은 강조 부사는 아예 쓰지 않는 것이 더 좋습니다.)

> ### so ~ that —
> # '너무 ~해서 –하다'
> 글쓰기에서는 'so+형용사/부사'를 항상 that절과 함께 사용함

그럼 '너무 ~해서 -할 수 없다'는 어떻게 표현할까요? ④에서처럼 'so ~ that -'의 that절에 not을 사용하면 되겠죠.

④ I was <u>so</u> bored <u>that</u> I could <u>not</u> stay awake.

나는 너무 지루해서 나는 깨어 있을 수가 없었다.

그리고 많은 문법책이 'too ~ to -'도 '너무 ~해서 -할 수 없다'라는 뜻이고 ④를 ⑤와 같이 바꿀 수 있다고 설명합니다.

⑤ I was <u>too</u> bored <u>to</u> stay awake.

나는 깨어 있기에는 너무 지루했다(=지루함을 느꼈다).

B too ~ to -

'too ~ to -'의 뜻은 '-하기에는 너무 ~하다'입니다. ④를 ⑤로 바꿀 수 있다고 해서 'too ~ to -'의 뜻이 '너무 ~해서 -할 수 없다'가 되는 것은 아닙니다. 그런데도 'too ~ to -'와 'so ~ that+not -'이 같은 의미라고 가르치려면 다음과 같은 좀 이상한 설명을 해야 합니다.

'to -'에 not이 숨어서 'too ~ to -'는 항상 부정의 의미로 사용됨

우선 'too ~ to -'가 항상 부정의 의미로 사용되지는 않습니다. 만약 그렇다면 ⑥은 너무 좋아서 사실이 아닌 경우에만 사용되어야 하는데 보통은 믿기 어려울 만큼 좋다는 감정을 표현할 때 사용되죠. (물론 사실이 아닌 경우에도 사용될 수 있습니다.)

⑥ This is too good to be true!

이건 사실이기에는 너무 좋아! (= 긍정)

so ~ that과 too ~ to

그리고 'to –'에 not이 숨어 있다고 배운 학생들은 **7**, **8**과 같은 문장이 이중 부정이라서 비문이라고 잘못 생각합니다. 특히 **7**은 'to –' 바로 앞에 not이 있어서 더욱 더 이중 부정처럼 보이죠. 하지만 **7**과 **8**은 모두 가능한 문장입니다.

7 You are <u>too</u> rich <u>not</u> <u>to</u> have your own house.

    너는 너 자신의 집을 가지지 않기에는 너무 부자야.

8 You are <u>not</u> <u>too</u> poor <u>to</u> have your own house.

    너는 너 자신의 집을 갖기에는 너무 가난한 것이 아니야.

    (= 너는 너무 가난해서 너 자신의 집을 <u>가질 수 없지</u> 않아.)

    (= 너는 너 자신의 집을 <u>가질 수 없을</u> 만큼 너무 가난하지 않아.)

7, **8**에 나타난 것처럼 'too ~ to –'의 뜻이 '너무 ~해서 <u>–할 수 없다</u>'라고 외우는 것은 좋지 않습니다. 이것보다는 '–하기에는 너무 ~하다'와 '너무 ~해서 <u>–할 수 없다</u>'는 뜻이 비슷하므로 'too ~ to –'와 'so ~ that+not –'는 바꿔 쓸 수 있다고 이해하는 것이 낫죠.

> **too ~ to –**
>
> ## '–하기에는 너무 ~하다'
>
> 'too ~ to –'와 'so ~ that+not –'은 바꿔 쓸 수 있음

그리고 'so ~ that+not –'을 'too ~ to –'로 바꿀 때는 주절과 that절의 주어가 같은지 다른지를 꼭 확인해야 합니다. **4**에서는 주절과 that절의 주어가 같았지만, **9**에서는 주절과 that절의 주어가 다릅니다.

    주절의 주어   that절의 주어

9 **The movie** was <u>so</u> boring <u>that</u> I could <u>not</u> stay awake.

    그 영화는 너무 지루해서 내가 깨어 있을 수 없었다.

9를 **10-1**처럼 고치면 비문이 됩니다. to stay awake의 주어가 The movie가 되기 때문이죠. 따라서 **10-2**에서처럼 to stay awake 앞에 for me 넣어야 합니다.

10-1 *The movie was <u>too</u> boring <u>to</u> stay awake.

    그 영화는 깨어 있기에는 너무 지루했다.

10-2 The movie was <u>too</u> boring **for me** <u>to</u> stay awake. (to stay awake의 의미상 주어)

　　그 영화는 내가 깨어 있기에는 너무 지루했다.

10-2 에서 for me는 to stay awake의 '의미상 주어'입니다. 목적격 대명사 me가 사용되었지만, 의미는 to stay awake의 주어이므로 의미상 주어라고 하는 것이죠. 그런데 **11**에서는 주절과 that절의 주어가 다른데도 **12**에서 for me를 꼭 사용할 필요가 없습니다.

11 <u>This box</u> is so heavy that <u>I</u> cannot lift it.

　　이 상자는 너무 무거워서 내가 들 수 없어.

12 This box is too heavy (for me) to lift.

　　이 상자는 (내가) 들기에는 너무 무거워.

그럼 **10**에서는 for me를 꼭 써야 하는데 **12**에서는 for me를 써도 되고 안 써도 되는 이유는 무엇일까요? **12**에서 for me가 불필요한 이유는 This box가 to lift의 목적어로 해석되기 때문입니다. 주어가 'to —'의 목적어로 해석되면 to부정사의 의미상 주어가 불필요하다는 얘기죠. **10-1** 과 달리 **13**이 정문인 이유도 The movie가 in의 목적어로 해석되기 때문입니다.

13 **The movie** was <u>too</u> boring <u>to</u> stay awake in. (전치사 in의 목적어로 해석됨)

　　그 영화는 깨어 있기에는 너무 지루했다.

시험에 자주 나오는 형태인 **14**가 비문인 이유도 주어인 This box가 이미 lift의 목적어로 해석되므로 it을 사용할 필요가 없기 때문입니다.

14 *This box is too heavy (for me) to lift <u>it</u>.

---

　① 주절과 that절의 주어가 다른 'so ~ that+not —'을 'too ~ to —'로 바꿀 때는 to부정사의 의미상 주어를 사용함

　② 주어가 'to —'의 목적어로 해석되는 'too ~ to —' 문장에서는 의미상 주어를 생략할 수 있음

정답 P. 10

각 문장의 정확한 해석에 맞는 문장을 골라 동그라미 하세요.

1 This knife is so dull that it can't cut bread.

(a) 이 칼은 빵을 자르기에는 너무 무디지 않다.

(b) 이 칼은 너무 무뎌서 빵을 자를 수가 없다.

2 She has become too weak to have brain surgery.

(a) 그녀는 너무 쇠약해져서 뇌수술을 받을 수 있었다.

(b) 그녀는 뇌수술을 받기에는 너무 쇠약해졌다.

3 They were so frightened that they hid in a cabin in the woods.

(a) 그들은 너무 놀라서 숲속의 오두막집에 숨었다.

(b) 그들은 숲속의 오두막집에 숨기에는 너무 놀랐다.

4 내가 이 돼지고기를 얇게 썰기에는 너무 질기다.

(a) This pork is too tough for me to cut into thin slices.

(b) This pork is too tough for me to cut it into thin slices.

5 인생의 어떤 것들은 너무 복잡해서 설명할 수 없다.

(a) Some things in life are too complicated to explain.

(b) Some things in life are so complicated that cannot be explained.

6 범죄현장은 너무 끔찍해서 내 눈을 믿을 수가 없었다.

(a) The crime scene was so terrible that I could not believe my eyes.

(b) The crime scene was too terrible not to believe my eyes.

정답 P. 11

🖊 보기처럼 주어진 단어를 모두 사용하여 해석에 맞는 올바른 문장을 적어보세요.

보기

is / Jaden / drive / to / young / too

<u>Jaden is too young to drive.</u>   제이든은 운전하기에는 너무 어리다.

---

1 too / hug / he / was / shy / to / me

_____   그는 나를 안기에는 너무 수줍었다.

2 long / I / too / am / hot / to / trousers / wear

_____   긴 바지를 입기에는 너무 덥다.

3 too / to / small / atoms / see / are / with the naked eye

_____   원자는 맨눈으로 보기에는 너무 작다.

4 this symptom / common / is / a disease / so / that / don't / we / consider / it   이 증상은 너무 흔해서 우리는 이것을 질병으로 여기지 않는다.

_____

5 on a ladder / so / was / strong / that / the wind / the workers / stand / couldn't   바람이 너무 세서 인부들이 사다리에 서 있을 수 없었다.

_____

6 in my mouth / in an instant / this roast beef / tender / that / so / is / it / melts   이 구운 쇠고기는 너무 부드러워서 내 입안에서 순식간에 녹는다.

_____

LESSON
30

형용사와 한정사

 ## A 형용사

형용사가 명사를 수식할 때는 아래의 ① 에서처럼 명사 앞에 옵니다.

① A **terrible** thing has happened.

*A thing terrible has happened.

끔찍한 일이 발생했어.

그런데 형용사가 something을 꾸며줄 때는 ② 에서처럼 something 뒤에 형용사가 와야 합니다.

② Something **terrible** has happened.

*Terrible something has happened.

끔찍한 무언가가 발생했어.

someone(또는 somebody)도 something과 마찬가지로 ③ 에서처럼 형용사가 뒤에서 꾸며주죠.

③ I want to marry someone special.

나는 특별한 누군가와 결혼하고 싶어.

---

something/someone은 형용사가 뒤에서 꾸며줌

---B 형용사와 한정사의 차이

그런데 왜 형용사는 something/someone 앞에 올 수 없을까요? 그 이유는 something/someone의 some이 '한정사(=명사의 수량·범위를 한정하는 단어)'이기 때문입니다. 많은 문법책이 some, any, many, much 등을 (수량)형용사라고 설명하는데 이들은 형용사가 아닌 (수량)한정사입니다. 형용사와 한정사의 차이는 ④에 잘 나타납니다.

4-1 Trains are **fast**. (형용사)

> 기차는 빨라.

4-2 *Trains are **many**. (한정사)

> 기차가 많아.

형용사와 한정사의 가장 큰 차이점은 형용사는 4-1 에서처럼 문장 끝에 올 수 있지만, 한정사는 뒤에 꼭 명사가 와야 한다는 것입니다. 만약 many가 형용사라면 4-2 가 비문이 될 이유가 없겠죠.

▌형용사/한정사의 어순

그리고 ⑤에서처럼 한정사와 형용사가 명사 앞에 함께 사용될 때는 항상 '한정사 + 형용사 + 명사'의 어순을 따릅니다. 형용사가 한정사 앞으로 올 수는 없죠.

5-1 <u>Many</u> <u>terrible</u> <u>things</u> happened.
    한정사   형용사   명사

5-2 *<u>Terrible</u> <u>many</u> <u>things</u> happened.
    형용사   한정사   명사
<u>많은 끔찍한 일이 발생했어.</u>

❷에서 *terrible something이 불가능한 이유도 이 어구가 '형용사(terrible)+한정사(some)+명사(thing)'의 어순을 따르기 때문입니다. 원래는 '한정사(some)+형용사(terrible)+명사(thing)'의 어순을 따라야 하지만 한 단어인 something을 나눌 수 없으므로 형용사가 something 뒤에 오게 된 거죠.

아래 표에서 볼 수 있듯이 한정사 some/any는 명사 thing/one/body와 합쳐져서 something/ anything 등의 한 단어를 이룹니다. 그리고 이런 모든 단어는 ⑥에서처럼 뒤에서 형용사의 꾸밈을 받습니다.

	thing	one	body
some	something	someone	somebody
any	anything	anyone	anybody

⑥ I'm not doing <u>anything</u> <u>important</u>.

중요한 일을 하고 있지는 않아.

---

some, any, many, much

수량한정사 ≠ 수량형용사

문장을 한정사로 끝낼 수는 없음

----C 한정사

한정사의 가장 대표적인 예는 관사(a(n)와 the)입니다. ⑦에서처럼 관사 뒤에 명사가 꼭 와야 하는 이유도 관사는 형용사가 아니고 한정사이기 때문입니다.

7-1 This is <u>a</u> beautiful <u>car</u>.

이건 멋진 차야.

7-2 *This is a beautiful.

그런데 some, any, many, much는 관사와는 달리 문장 끝에서 대명사로 사용될 수도 있습니다. 8-2 에서 some은 some money를 지칭하는 대명사로 사용되었죠.

8-1 I need **some** money. 한정사

나는 돈이 좀 필요해.

8-2 I need **some**. 대명사

나는 (돈이) 좀 필요해.

반면에, **4-2** 에서 many가 대명사로 사용될 수 없는 이유는 "*Trains are many trains."는 말이 되지 않기 때문입니다. 따라서 **9** 처럼 말을 해야 "기차가 많다"의 뜻이 됩니다.

9 There are many trains.

기차가 많다.

한정사 some, any, many, much는 대명사로 사용될 수도 있음

Check Point

▶ -thing / -one / -body로 끝나는 명사

–thing, –one, –body로 끝나는 명사의 경우, 형용사가 명사 뒤에서 명사를 수식한다.

• I want to do **something** exciting. 나는 신나는 것을 하고 싶다.
• We need **somebody** diligent. 우리는 부지런한 사람이 필요하다.

🖋 빈칸에 들어갈 알맞은 어구를 골라 해석에 맞게 문장을 완성하세요.

1 Child abuse is _____. 아동학대는 끔찍한 일이다.

　① a thing awful　　　　　② an awful thing

2 He couldn't think of _____. 그는 어떤 긍정적인 것도 생각할 수 없었다.

　① positive anything　　　② anything positive

3 _____ is happening in the army.

군대에서 정말 기이한 일이 일어나고 있다.

　① Really weird something　② Something really weird

4 Does anyone have scissors or _____?

가위나 날카로운 물건을 가진 사람 있어?

　① sharp something　　　② something sharp

5 I have said _____ about his costume.

나는 그의 의상에 대해 심한 말을 좀 했다.

　① some harsh things　　② some things harsh

6 Could you get me _____ from the sink?

싱크대에서 좀 깨끗한 접시를 줄래?

　① some clean dishes　　② clean some dishes

7 Developmental delay can be attributed to _____.

발달지연은 많은 복잡한 원인에서 기인한다.

　① many complex causes　② complex many causes

정답 P. 11

✎ 각 문장이 해석에 맞는 문장이면 ○, 틀리면 X에 표시한 후, <u>틀린</u> 문장은 해석과 문법에 맞게 고치세요.

1   Did you notice anything strange about her?   ○   X

그녀에게서 무언가 이상한 점을 눈치챘니?

2   There is some news tragic about our experiment.   ○   X

우리 실험에 대한 비극적인 소식이 좀 있다.

3   I'm very sorry, but something urgent has come up.   ○   X

정말 미안하지만, 급한 일이 생겼어.

4   This traditional tea ceremony is an usual thing in Japan.

이 전통 다도는 일본에서 흔히 볼 수 있는 것이다.   ○   X

5   There are many fascinating places to explore in Australia.

호주에는 탐험하기에 매력적인 곳들이 많다.   ○   X

6   I've attached terrific some photos that he took in Vietnam.

그가 베트남에서 찍은 멋진 사진 몇 장을 내가 첨부했다.   ○   X

7   There is unique something that makes our vacation special.

우리의 휴가를 특별하게 만드는 독특한 무언가가 있다.   ○   X

8   Tell me something negative that you heard about our company.

우리 회사에 대해 들었던 부정적인 얘기를 해주세요.   ○   X

PART

03

중학교 3학년 문법

중3가지 중요한 문법 요소는
모두 마스터해주세요!

LESSON
31

관계대명사의 계속적 용법

관계대명사의 계속적 용법

영어에서는 쉼표(comma)가 매우 중요합니다. 독해력을 기르기 위해 가장 먼저 배워야 할 것이 쉼표의 용법일 정도니까요. 쉼표가 특히 중요한 이유는 **1**과 **2**에서처럼 쉼표의 유무에 따라 의미가 바뀌는 경우가 있기 때문입니다. 이 두 문장 중 "나는 사촌이 세 명뿐이다."라는 뜻을 가진 문장은 무엇일까요?

1 I have three cousins **who live in America**. [쉼표 없음 = 한정적 용법]

2 I have three cousins, **who live in America**. [쉼표 있음 = 계속적 용법]

위 두 문장을 해석하면 다음과 같습니다. 쉼표의 유무에 따라 해석이 완전히 달라지죠. 해석을 보면 정답이 ⑧라는 것을 알 수 있습니다.

Ⓐ 나는 <u>미국에 사는</u> 사촌이 세 명 있다. (= 미국에 살지 않는 사촌도 있다.)

Ⓑ 나는 사촌이 세 명인데, <u>그들은 미국에 산다</u>. (= 사촌이 세 명뿐인데, 모두 미국에 산다.)

1과 **2**의 해석이 달라지는 이유를 근본적으로 이해하려면 **2**에 쉼표가 사용된 이유를 이해해야 합니다. 쉼표 사용의 원칙 중 하나는 **문장을 이해하는 데 꼭 필요하지 않은 보충설명은 두 개의 쉼표(또는 쉼표와 마침표) 사이에 넣는다**는 것입니다. **2**에서 who live in America는 쉼표와 마침표 사이에 있으므로 없어도 되는 단순 보충설명이 됩니다. 결국 **2**에서 하고자 하는 말은 쉼표 전인 I have three cousins에서 끝난다는 뜻이죠.

> **두 개의 쉼표(또는 쉼표와 마침표) 사이에 있는 정보는 단순 보충설명이므로 빼고 해석할 수 있음**

❶에서처럼 관계대명사절 앞에 쉼표가 없을 때는 '미국에 사는 사촌'처럼 해석을 뒤에서부터 합니다. 여기서 '미국에 사는'은 '사촌'이 **지칭하는 범위를 한정**해줍니다. 다시 말해, '사촌'이 뜻하는 범위가 '나의 모든 사촌'이 아니고 '미국에 사는 사촌'으로 한정된다는 것이죠. 그래서 이런 관계대명사의 용법은 **한정적(또는 제한적) 용법**이라고 합니다.

반면에 ❷에서처럼 관계대명사절 앞에 쉼표가 있으면 뒤에서부터 해석하지 않고 '~인데, 그들은 미국에 산다'와 같이 순서대로 **계속해서 해석**합니다. 이런 용법은 **계속적 용법**이라고 합니다. 계속적 용법으로 사용된 관계대명사절은 보충설명을 담고 있으므로 문장 중간에 오면 ❸에서처럼 처음과 끝에 모두 쉼표를 찍어야 합니다.

❸ My three cousins**, who live in America**, are coming to Korea next week.

나의 세 명의 사촌이 다음 주에 한국에 오는데, 그들은 미국에 살아.

B 한정적 용법과 계속적 용법의 차이

그럼 일반적인 대화에서는 어떻게 한정적 용법과 계속적 용법을 구분할까요? "My three cousins comma who live America comma"라고 말하는 사람은 없으니까요. 단순히 문맥에서 유추할 것이라고 잘못 생각하는 학생들이 많은데 원어민들은 억양으로 한정적 용법과 계속적 용법을 구분합니다.

한정적 용법에서는 특별한 억양의 변화가 없는 반면, 계속적 용법에서는 좀 더 낮은 억양이 사용됩니다. 물론 계속적 용법에서는 쉼표가 있는 곳에서 문장이 끊기기도 하죠. 하지만 긴 어구 뒤에는 쉼표가 없어도 쉴 수 있으므로 계속적 용법이라는 것을 알리는 데 가장 큰 역할을 하는 것은 억양의 변화입니다.

한정적 용법	계속적 용법
쉼표가 없고 뒤에서부터 해석함	쉼표가 있고 앞에서부터 계속해서 해석함

🔖 한정적 용법과 함께 사용할 수 없는 고유명사

①과 **②**에서는 쉼표의 사용 여부에 따라 의미가 변하지만 **④**에서처럼 관계대명사 앞에 쉼표를 사용할 수 없는 예도 있습니다.

④ *I like **Jaden** who is in your class. [고유명사]

　　나는 네 반에 있는 제이든을 좋아해.

④가 비문인 이유는 Jaden이 이름(=고유명사)이기 때문입니다. (cousin '사촌'은 보통명사입니다.) 고유명사가 지칭하는 대상은 명확하므로 고유명사의 의미를 한정할 수는 없습니다. 따라서 **⑤**에서처럼 고유명사 뒤에는 쉼표를 사용해야 합니다.

⑤ I like Jaden**, who is in your class**. [계속적 용법 = 보충설명]

　　나는 제이든을 좋아하는데, 걔는 네 반에 있어.

만약 Jaden이 여러 명 있다면 '네 반에 있는 제이든'처럼 Jaden의 의미를 한정해 줄 수 있습니다. 그렇게 하려면 **⑥**에서처럼 Jaden 앞에 꼭 the를 사용해야 합니다.

⑥ I like **the Jaden who is in your class**. [the + 고유명사 + 한정적 용법]

　　나는 네 반에 있는 제이든을 좋아해.

🔖 계속적 용법으로 사용할 수 없는 that

그리고 고유명사가 아닌데도 한정적 용법과 함께 사용될 수 없는 예도 있습니다. 만약 휴대폰이 하나만 있다면 **⑦**과 같이 말할 수 없습니다. 휴대폰이 두 대 이상 있다는 뜻이 되기 때문이죠.

⑦ ?I love my phone that my father bought me last year.

　　= 나는 (휴대폰이 두 대 이상 있는데) 작년에 아버지께서 사주신 내 휴대폰을 정말 좋아해.

my phone에서 my는 이미 phone의 의미를 한정하고 있습니다. 다른 휴대폰이 아닌 '나의'휴대폰이라는 의미죠(그래서 my는 소유 한정사라고 합니다). 따라서 휴대폰이 하나만 있는 경우에는 my phone의 의미를 더 한정할 수 없습니다.

그런데 **8**에서처럼 단순히 that 앞에 쉼표를 찍을 수는 없습니다. 쉼표를 찍게 되면 비문이 되는데 이상하게도 that은 **계속적 용법으로 사용될 수 없기 때문이죠**. 이런 경우에는 **9**에서처럼 that을 which로 바꾸고 which 앞에 쉼표를 찍어야 합니다.

8 *I love my phone**, that my father bought me last year**.

9 I love my phone**, which my father bought me last year**.

나는 내 휴대폰을 정말 좋아하는데, 그건 작년에 아버지께서 사주신 거야.

고유명사

고유명사는 한정적 용법과 함께 사용할 수 없고, 계속적 용법과 함께
사용되거나 'the+고유명사+한정적 용법'으로 사용됨

that

that은 계속적 용법으로 사용할 수 없음

 **Check Point**

▶ **계속적 용법의 관계대명사 which**

계속적 용법으로 쓰인 관계대명사 which는 단어, 구, 앞문장 전체를 선
행사로 받을 수 있습니다.

• Jane told me that she stayed at home yesterday, **which**
wasn't true. 제인은 어제 집에 있었다고 나에게 했는데 이는 사실이 아니었다.

정답 P. 11

✎ 각 문장의 해석에 맞는 문장을 골라보세요

1 소피에게는 조카가 두 명인데 그들은 항상 그녀를 짜증 나게 한다.

(a) Sophie has two nephews who always irritate her.

(b) Sophie has two nephews, who always irritate her.

2 그는 이 집의 공동 소유자였던 케빈을 만났다.

(a) He met Kevin who was a joint owner of this house.

(b) He met the Kevin who was a joint owner of this house.

3 나는 이 지우개를 아이비에게서 빌렸는데 걔는 분홍색 안경을 쓴다.

(a) I borrowed this eraser from Ivy, who wears pink glasses.

(b) I borrowed this eraser from Ivy who wears pink glasses.

4 그녀는 이 모자를 구매한 턱수염을 기른 남자를 알고 있다.

(a) She knew the man with a beard who purchased this cap.

(b) She knew the man with a beard, who purchased this cap.

5 그는 브랜든을 찾고 있는데 걔는 헛간에서 돼지를 돌본다.

(a) He is looking for Brandon who takes care of pigs in the barn.

(b) He is looking for Brandon, who takes care of pigs in the barn.

6 홀수 연도에 열리는 축구 경기가 있다.

(a) There is a soccer match which is held in odd years.

(b) There is a soccer match, which is held in odd years.

정답 P. 11

🖊 각 문장이 해석에 맞는 문장이면 O, 틀리면 X에 표시한 후, **틀린** 문장은 해석과 문법에 맞게 고치세요.

1 They are talking about people, who cling to their past.

그들은 과거에 집착하는 사람들에 관해 이야기하고 있다.   O   X

2 The manager met Maria, who deleted this clause in the contract.

부장은 마리아를 만났는데 그녀가 계약에서 이 조항을 삭제했다.   O   X

3 We should avoid using materials, that take a long time to decay.

썩는 데 오랜 시간이 걸리는 물질을 사용하는 것은 피해야 한다.   O   X

4 I was impressed by Gandhi, who distributed his wealth to poor people.

나는 간디에게 감명을 받았는데 그는 그의 재산을 가난한 사람들에게 나눠주었다.   O   X

5 They found the traffic cop who overlooked several key pieces of evidence.

그들은 몇 가지 주요 증거를 간과한 교통경찰을 찾았다.   O   X

6 The teacher praised the boy who memorized the Declaration of Independence.

선생님은 독립선언문을 외운 소년을 칭찬했다.   O   X

7 She always dreamed of visiting Easter Island which is off the coast of Chile.   O   X

그녀는 항상 이스터 섬을 방문하는 것을 꿈꿔왔는데 그 섬은 칠레 연안에 있다.

LESSON 32

관계대명사의 생략

 목적격 관계대명사의 생략

관계대명사는 주로 주어 또는 목적어를 대신하여 사용됩니다. ①에서처럼 주어 대신 사용된 관계대명사는 절대 생략할 수 없습니다. 하지만 ②에서처럼 목적어 대신 사용된 관계대명사는 생략할 수 있습니다.

① This is the book. + **It** made me cry.

This is the book **that** made me cry. 〔 주어 = 생략 불가능 〕
이게 나를 울린 책이야.

② This is the book. + I read **it** yesterday.

This is the book (**that**) I read yesterday. 〔 목적어 = 생략 가능 〕
이게 내가 어제 읽은 책이야.

②에서는 관계대명사가 타동사의 목적어로 사용되었지만 ③에서는 전치사의 목적어로 사용되었습니다. 이런 관계대명사도 생략할 수 있습니다.

③ This is the book. + I told you about **it**.

This is the book (**that**) I told you about. 〔 목적어 = 생략 가능 〕
이게 내가 너에게 말했던 책이야.

(타동사 또는 전치사의) 목적어 역할을 하는 관계대명사는 생략할 수 있음

148

---B 전치사의 목적어 역할

관계대명사가 전치사의 목적어 역할을 할 때는 4-1 에서처럼 전치사를 관계대명사 앞에 놓을 수도 있습니다. (문어체에서만 사용되는 형식이라서 4-1 처럼 말하는 사람은 아무도 없습니다.)

4-1 This is the book <u>about which</u> I told you.

'전치사+관계대명사'의 형태에서는 that을 사용할 수 없고 꼭 which나 whom을 사용해야 합니다. 그리고 '전치사+관계대명사'에서는 관계대명사를 생략할 수 없습니다. 따라서 4-2 와 4-3 은 모두 비문입니다.

4-2 *This is the book <u>about that</u> I told you.

4-3 *This is the book <u>about Ø</u> I told you.

🔖 보어 대신 사용되는 관계대명사

관계대명사는 가끔 5 에서처럼 보어 대신 사용되기도 하는데 이때도 관계대명사를 생략할 수 있습니다.

5 I'm not the man (**that**) I used to be. 〔보어 = 생략 가능〕

(= I'm not the man. + I used to be <u>him</u>.)
나는 예전의 내가 아니야.

① '전치사+관계대명사' 형태에서는 관계대명사를 생략할 수 없음
② 보어 역할을 하는 관계대명사도 생략할 수 있음

C 주격 관계대명사의 생략

주격 관계대명사는 단독으로 생략할 수 없습니다. 하지만 **6**과 **7**에서처럼 be동사와 함께 주격 관계대명사를 생략하는 것은 가능합니다.

6 This is the book (**that was**) burned by mistake yesterday. (주어 + be = 생략 가능)

(= This is the book. + **It was** burned by mistake yesterday.)

이게 어제 실수로 불탄 책이야.

7 The boy (**who is**) reading a book on the bench is my son. (주어 + be = 생략 가능)

(= The boy is my son. + **He is** reading a book on the bench.)

벤치에서 책을 읽고 있는 소년이 내 아들이야.

▮ –ing형으로 바꾼 동사에서의 관계대명사

마지막으로, be동사가 없을 때 주격 관계대명사를 생략하려면 **8**에서처럼 동사를 –ing형으로 바꾸고 생략할 수 있습니다.

8-1 I'm looking for a man <u>who wants</u> to buy a convertible.

8-2 I'm looking for a man <u>wanting</u> to buy a convertible.

나는 오픈카를 사고 싶어 하는 사람을 찾고 있어.

그런데 동사를 -ing형으로 바꾸고 주격 관계대명사를 생략하는 것은 모든 동사가 가능한 것은 아닙니다. 예를 들어 **9**에서처럼 own을 owning으로 바꾸고 주격 관계대명사를 생략하는 것은 불가능합니다.

9-1 I'm looking for a man <u>who owns</u> a convertible.

9-2 *I'm looking for a man <u>owning</u> a convertible.

나는 오픈카를 가지고 있는 사람을 찾고 있어.

want와 own 모두 상태를 나타내는 동사인데 왜 하나는 가능하고 다른 하나는 불가능한지 문법적으로 설명하기 쉽지 않습니다. **따라서 모든 동사를 -ing로 바꾸고 주격 관계대명사를 생략할 수 있다고 외우는 것은 좋지 않습니다.**

마지막으로 기억할 것은 Lesson 31에서 배운 계속적 용법에서는 어떤 관계대명사도 생략할 수 없다는 것입니다. 관계대명사 앞에 쉼표가 있으면 생략할 수 없다고 기억하면 쉽겠죠.

① 주격 관계대명사도 be동사와 함께는 생략할 수 있음

② 동사를 -ing로 바꾸고 주격 관계대명사를 생략하는 것은 모든 동사가 가능한 것은 아님

 **Check Point**

▶ **관계대명사의 생략**

관계대명사는 생략이 가능한데 목적어 대신 사용된 관계대명사는 생략할 수 있지만, 주어 대신 사용된 관계대명사는 절대 생략할 수 없다는 것을 기억해 두어야 합니다.

- This is the book **(that)** I read yesterday.

  이게 내가 어제 읽은 책이야.

✏️ 각 문장이 해석에 맞는 문장이면 ○, 틀리면 ✗에 표시한 후, 틀린 문장은 해석과 문법에 맞게 고치세요.

1 This is the soap for that I was looking.

이것이 내가 찾던 비누다. ○ ✗

2 George is the only miner I've spoken to before.

조지는 내가 전에 말해봤던 유일한 광부이다. ○ ✗

3 This is the poster of the concert about I told you.

이게 내가 말했던 콘서트의 포스터야. ○ ✗

4 Ashley is a physics tutor to whom I want to talk.

애슐리가 내가 이야기하고 싶은 물리 교사이다. ○ ✗

5 He lost gold coins which were more valuable than his job.

그는 자기 직장보다 더 귀중한 금화를 잃어버렸다. ○ ✗

6 We welcome anyone wanting to be involved in this mission.

우리는 이 임무에 참여하기를 원하는 모든 사람을 환영한다. ○ ✗

7 Fly-tipping is a serious problem for farmers owning rural land.

쓰레기 불법 투기는 농촌 땅을 소유한 농부들에게 심각한 문제이다. ○ ✗

8 Politicians should show more concern for the people neglected in our society.

정치인들은 우리 사회에서 소외된 사람들에게 더 많은 관심을 보여야 한다. ○ ✗

정답 P. 12

🖊 각 문장의 관계대명사를 생략할 수 있으면 '가능'에, 없으면 '불가'에 동그라미 하세요.
생략이 가능한 부분에는 괄호 표시를 하세요.

1 Drink the water which is in the tea pot. 　　　가능　　　불가

찻주전자에 있는 물을 마셔라.

2 He is not the great linguist that he used to be. 　가능　　　불가

그는 예전처럼 훌륭한 언어학자가 아니다.

3 Who was the guy that was running in the park? 　가능　　　불가

공원에서 뛰고 있던 사람이 누구였지?

4 We saw the mud hut in which the primitive man lived.

우리는 원시인이 살았던 움막을 보았다. 　　　　　가능　　　불가

5 She has finally met Prince Harry whom we are interested in.

그녀는 마침내 우리가 관심 있는 해리 왕자를 만났다. 　가능　　　불가

6 They are the teachers who were dismissed for their immoral acts.

그들이 부도덕한 행위로 해고된 교사들이다. 　　　가능　　　불가

7 There are many effective ways to handle prisoners who do not

observe rules. 　　　　　　　　　　　　　가능　　　불가

규칙을 지키지 않는 죄수들을 다루는 효과적인 방법이 많이 있다.

8 The exhibition features two poets who will guide you through

their artistic world. 　　　　　　　　　　가능　　　불가

이 전시회는 여러분을 그들의 예술세계로 안내할 두 시인을 특집으로 합니다.

LESSON 33 분사구문

 A **분사구문이란 무엇인가?**

영문법을 공부할 때는 회화체 문법과 문어체 문법을 구분해서 공부하는 것이 중요합니다. 문어체에 사용되는 문법 사항들이 따로 있는 이유는 문어체에서는 간결함이 중요하기 때문입니다. 되도록 적은 단어로 표현하는 것이 좋다는 뜻이죠. **'분사구문(=현재분사 또는 과거분사로 시작하는 구문)'도 문어체에서 사용되는데, 그 이유는 주로 부사절을 줄여서 분사구문을 만들기 때문입니다.** 그럼 **1-1**의 부사절은 어떻게 분사구문으로 줄일 수 있을까요?

1-1 **Because he felt tired**, Jaden went to bed early. 부사절
제이든은 피곤해서 일찍 잠자리에 들었다.

우선 종속접속사인 Because를 삭제합니다. 그리고 he와 Jaden이 동일 인물을 지칭하므로 he도 삭제합니다. 그러면 felt tired가 남게 되는데 모든 동사는 주어가 필요하므로 felt를 **1-2**에서처럼 주어가 필요 없는 현재분사인 feeling으로 고쳐줍니다.

1-2 **Feeling tired**, Jaden went to bed early. 분사구문
현재분사

2-1의 부사절은 더 쉽게 분사구문으로 바꿀 수 있습니다. 우선 Because와 I를 생략합니다.

2-1 **Because I was hit by a bicycle**, I had to go to the hospital. 부사절
난 자전거에 치였기 때문에 병원에 가야 했다.

그리고 Lesson 32에서 주격 관계대명사와 be동사를 함께 생략한 것처럼 분사구문을 만들 때도 be동사(was)는 생략할 수 있습니다. 그러면 hit by a bicycle이 남게 되는데 hit은 과거분사이므로 다른 형태로 바꿀 필요가 없습니다.

2-2 **Hit by a bicycle**, I had to go to the hospital. 분사구문
과거분사

주절과 주어가 같은 부사절을 분사구문으로 바꾸는 순서

① 종속접속사와 주어를 생략한다.

② be동사는 생략하고 일반동사는 –ing형으로 바꾼다.

B 여러 가지 분사구문

①과 ②에서 주어를 생략할 수 있는 이유는 부사절과 주절의 주어가 같기 때문입니다. 만약 ③에서 처럼 부사절과 주절의 주어가 다르면 주어를 생략할 수 없습니다.

③ Because **my boss** was hit by a bicycle, I had to go to the hospital.

= **My boss** hit by a bicycle, I had to go to the hospital. 〔독립 분사구문〕

내 상사가 자전거에 치였기 때문에 나는 병원에 가야 했다.

My boss hit by a bicycle처럼 **분사구문 앞에 부사절의 주어가 남아있는 형태는 '독립 분사구문'** **이라고 합니다.** 이런 분사구문은 주로 소설에 사용되죠. 그럼 4-1 에서는 부사절과 주절의 주어가 같 은데 왜 4-2 처럼 분사구문을 만들면 안 될까요?

4-1 Because I finished my homework, I watched TV for an hour.

나는 숙제를 마쳤기 때문에 한 시간 동안 TV를 봤다.

4-2 *Finishing my homework, I watched TV for an hour.

부사절을 분사구문으로 줄일 때는 어떤 동작이 먼저 발생했는지도 확인해야 합니다. ④에서 finished는 watched보다 먼저 발생한 동작입니다. 이렇게 먼저 발생한 동작을 분사로 바꿀 때는 4-3 에서처럼 완료형 분사인 'Having + 과거분사'를 사용해야 합니다.

4-3 **Having finished** my homework, I watched TV for an hour. 〔완료형 분사〕

Having finished 대신 Finishing을 사용하면 숙제를 마친 것과 TV를 보는 것이 동시에 발생했다 는 뜻이 됩니다. 1-2 에서 Feeling이 사용된 이유도 피곤함을 느끼는 것과 잠자리에 드는 것이 동시 에 발생하는 것이기 때문이죠.

그럼 **2**에서는 자전거에 치인 것과 병원에 가는 것이 동시에 발생할 수 없는데 왜 완료형 분사가 사용되지 않았을까요? 그 이유는 **2-2**의 분사구문이 과거분사로 시작되기 때문입니다. **2-2**는 **5-1**처럼 고칠 수도 있습니다.

5-1 <u>Having been hit</u> by a bicycle, I had to go to the hospital.

= <u>Hit</u> by a bicycle, I had to go to the hospital.

그런데 과거분사 앞에 Having been을 더하는 것은 무의미합니다. 과거분사 앞에 생략된 동사는 be동사이고 be동사는 상태를 나타내기 때문에 동작의 순서를 명확하게 하는 완료형 분사는 사용할 필요가 없는 것이죠. 그리고 **5-2**에서처럼 hit 앞에 Having만 추가하면 비문이 됩니다. Hit by a bicycle 앞에 생략된 was의 과거분사형인 been도 함께 추가해야 하죠.

5-2 *<u>Having hit</u> by a bicycle, I had to go to the hospital.

> **부사절을 분사구문으로 줄일 때 주의할 점**
> Ⓐ 부사절과 주절의 주어가 다를 때는 주어를 남겨둔다.
> Ⓑ 먼저 발생한 동작을 나타낼 때는 'Having + p.p.'를 사용한다.

분사구문에서 어떤 종속접속사(because, after, before, while, when, although, if 등)가 생략되었는지는 문장의 뜻을 고려해서 유추해야 합니다. **6**에서는 because와 after가 가능합니다.

6 <u>Having finished</u> my homework, I watched TV for an hour.

= <u>Because I finished</u> my homework, I watched TV for an hour.

= <u>After I finished</u> my homework, I watched TV for an hour.

중요한 정보는 주절에 담겨 있습니다. 따라서 **6**에서는 '한 시간 동안 TV를 봤다'는 것이기 중요하기 때문에 생략된 종속접속사가 After인지 Because인지는 별로 중요하지 않습니다. 하지만 의미를 명확히 하려면 분사구문 앞에 종속접속사를 쓸 수도 있는데, 다른 종속접속사와 달리 Because는 무조건 생략해야 합니다. 따라서 **7-1**은 비문이고 **7-2**는 정문입니다.

7-1 *Because having finished my homework, I watched TV for an hour.

7-2 After having finished my homework, I watched TV for an hour.

그런데 **7-2** 에서 having은 필요가 없습니다. After가 이미 동작의 순서를 명확히 알려주기 때문이죠. 분사구문은 간결함을 위해 사용하는 것이니 **7-3** 에서처럼 having을 삭제하는 것이 좋습니다.

7-3 After finishing my homework, I watched TV for an hour.

📑 분사구문의 부정

분사구문을 부정할 때는 **8-1** 에서처럼 **분사구문 앞에 Not(또는 Never)를 사용하면 됩니다.** 현재완료의 부정과 혼동하여 **8-2** 에서처럼 Having <u>not</u> finished로 하면 비문이 됩니다.

8-1 Not having finished my homework, I watched TV for an hour.

8-2 *Having not finished my homework, I watched TV for an hour.

8-1 에서 생략된 종속접속사는 문맥상 although가 적절합니다. 의미를 명확히 하려면 **8-3** 에서처럼 not 앞에 Although를 추가하면 되겠죠.

8-3 Although not having finished my homework, I watched TV for an hour.

= Although I did not finish my homework, I watched TV for an hour.
나는 숙제를 마치지 않았음에도 불구하고 한 시간 동안 TV를 봤다.

> ① Because를 제외한 다른 종속접속사는 생략하지 않을 수 있음
> ② Not 또는 Never를 분사 앞에 사용해서 분사구문을 부정함

🖊 빈칸에 들어갈 알맞은 단어를 골라 해석에 맞게 문장을 완성하세요.

1   This is a _____. 이것은 부러진 방망이다.

    ① breaking bat   ② broken bat

2   We interrupt this program for _____.

    이 프로그램을 중단하고 뉴스 속보를 말씀드리겠습니다.

    ① breaking news   ② broken news

3   _____ from work, I just want to relax.

    일로 피곤해서 그냥 쉬고 싶다.

    ① Tiring   ② Tired

4   _____ enough money, I can't travel abroad.

    돈이 충분치 않아서 해외여행을 할 수 없다.

    ① Having not   ② Not having

5   _____ lunch, we continued our monthly briefing.

    점심을 마친 후 우리는 월간 브리핑을 이어갔다.

    ① Having finished   ② Finishing

6   _____ her son at school, Paula went to a bakery.

    파울라는 아들을 학교에서 픽업한 후 빵집으로 갔다.

    ① Having picked up   ② Picking up

7   _____ by the unexpected promotion, Tim shouted with joy.

    예상치 못한 승진에 놀란 팀은 기뻐서 소리쳤다.

    ① Having surprised   ② Surprised

정답 P. 12

🖊 각 문장의 해석에 맞게 부사절을 줄여 분사구문으로 바꿔보세요.

1 As I didn't know how to reply, I remained silent.

어떻게 대답해야 할지 몰라서 조용히 있었다.

_____

2 As he sighed lightly, Johnathan hurried to his bedroom.

조나단은 가볍게 한숨을 쉬면서 서둘러 침실로 갔다.

_____

3 Since I worked at his company before, I recognized him at a

glance. 그의 회사에서 이전에 일했었기 때문에 나는 그를 한눈에 알아봤다.

_____

4 Because I was protected by a security officer, I arrived at the

cinema safely. 보안요원의 보호를 받았기 때문에 영화관에 안전하게 도착했다.

_____

5 Because she was feeling awkward, Kim changed the subject to

baking cookies. 킴은 어색해서 쿠키 굽는 것으로 화제를 바꾸었다.

_____

6 As we do not wish to repeat this process, we must inspect the

goods thoroughly.

이 과정을 반복하길 바라지 않으므로 우리는 상품을 철저히 검사해야 한다.

_____

LESSON

34

관계부사

 관계부사란 무엇인가?

관계대명사는 두 문장을 연결하는(관계를 맺어 주는) 대명사라고 배웠습니다. 그러면 **관계부사는 두 문장을 연결하는(관계를 맺어 주는) 부사**라는 뜻이 되겠죠. 관계대명사와 마찬가지로 관계부사도 선행사에 따라 4개로 나뉩니다.

선행사	관계대명사	선행사	관계부사
사람	who	시간	when
사물, 동물	which	장소	where
사람, 사물, 동물	that	이유	why
없음	what	없음	how

관계대명사절의 중요한 특징 중 하나는 ① 에서처럼 항상 생략된 것(ø)이 있다는 것이죠.

① That's the girl. + Jaden met **her** yesterday

That's **the girl** who Jaden met ø yesterday. 〔형용사절 역할을 하는 관계대명사절〕
　　　　　선행사　　　관계대명사
재가 어제 제이든이 만난 아가씨야.

관계대명사절과 마찬가지로 관계부사절에서도 2-1 에서처럼 항상 생략된 것(ø)이 있습니다. 그리고 관계대명사절과 관계부사절 모두 선행사를 꾸며주므로 형용사절 역할을 합니다.

2-1 I remember the day. + We met **on that day**.

I remember **the day** when we met ø. 〔형용사절 역할을 하는 관계부사절〕
　　　　　선행사　　관계부사
나는 우리가 만난 날을 기억해.

160

관계대명사절에서 명사(구)가 생략되는 것처럼
관계부사절에는 부사(구)가 생략됨

B 관계부사절의 특징

명사(구)가 생략되는 관계대명사절과 달리 관계부사절에서는 부사(구)가 생략되므로 생략된 것이 없는 것처럼 보이지만 사실은 그렇지 않죠. 모든 관계부사는 **2-2** 에서처럼 **'전치사 + which(관계대명사)'**로 바꿀 수 있습니다.

2-2 I remember the day <u>on which</u> we met ø.
          전치사+which

📕 관계대명사절과 관계부사절의 차이점

관계대명사절과 관계부사절의 가장 큰 차이점은 관계부사절에서는 **2-3** 에서처럼 **선행사를 생략할** 수 있다는 것입니다.

2-3 I remember **ø** **when we met ø.** (명사절 역할을 하는 관계부사절)
                선행사 생략

선행사가 생략되면 관계부사절은 명사절 역할을 합니다. 선행사를 꾸며주는 형용사가 아니고, 주어 또는 목적어의 역할을 하는 명사처럼 사용되기 때문이죠. **2-3** 에서는 when we met이 remember의 목적어 역할을 합니다.

① 관계부사는 '전치사+which'로 바꿀 수 있음
② 관계대명사절과 달리 관계부사절의 선행사는 생략될 수 있음

③ ~ ⑤는 각각 where, why, how가 관계부사로 사용된 예문을 보여줍니다. 다른 관계부사와 달리 how는 선행사가 없을 때만 사용 가능한 관계부사이므로 **5-1**은 비문이라는 것에 주의해야 합니다.

📖 관계부사 where

3-1 I remember the place. + We met **at that place**.

I remember **the place where we met** ø. (형용사절 역할을 하는 관계부사절)
　　　　　　　　　　　　관계부사

나는 우리가 만난 장소를 기억해.

3-2 I remember the place at which we met ø.
　　　　　　　　　　　전치사+which

3-3 I remember ø **where we met** ø. (명사절 역할을 하는 관계부사절)
　　　　　선행사 생략

📖 관계부사 why

4-1 I remember the reason. + We met **for that reason**.

I remember **the reason why we met** ø. (형용사절 역할을 하는 관계부사절)
　　　　　　　　선행사　　관계부사

나는 우리가 만난 이유를 기억해.

4-2 I remember the reason **for which** we met ø.
　　　　　　　　　　　전치사+which

4-3 I remember ø **why we met** ø. (명사절 역할을 하는 관계부사절)
　　　　　선행사 생략

📕 관계부사 how

5-1 I remember **the way**. + We met **in that way**.
　　　　　　=방법

　　*I remember **the way** **how** we met ø. (형용사절 역할을 하는 관계부사절)
　　　　　　　선행사　　관계부사

나는 우리가 어떻게 만났는지 기억해.

5-2 I remember the way in which we met ø.
　　　　　　　　　　전치사+which

5-3 I remember ø **how we met ø**. (명사절 역할을 하는 관계부사절)
　　　　선행사 생략

각각의 관계부사를 '전치사 + which'로 바꿀 때 사용되는 전치사를 정리하면 다음과 같습니다.

관계부사		전치사 + which
when		at, in, on + which
where	=	at, in, on + which
why		for which
how		in which

모든 관계부사는 '전치사+which'로 바꿀 수 있지만, 모든 '전치사+which'를 관계부사로 바꿀 수 있는 것은 아닙니다. ❻은 철학자 마르틴 부버의 인용문인데 여기서 of which를 관계부사로 바꿀 수는 없죠.

❻ All journeys have secret destinations <u>of which</u> the traveller is unaware.
(= All journeys have secret destinations <u>that</u> the traveller is unaware <u>of</u>.)
모든 여행에는 여행자가 모르는 비밀 목적지가 있다.

① when, where, why는 선행사를 취할 수도 있고 생략할 수도 있지만, how는 선행사를 취할 수 없음

② 모든 관계부사는 '전치사 + which'로 바꿀 수 있지만, 모든 '전치사 + which'를 관계부사로 바꿀 수 있는 것은 아님

정답 P. 12

✏️ 각 문장이 해석에 맞는 문장이면 O, 틀리면 X에 표시한 후, <u>틀린</u> 문장은 해석과 문법에 맞게 고치세요.

1 What matters now is how they will punish us.

지금 중요한 것은 그들이 우리를 처벌하려는 방식이다. O X

2 May I ask you the reason at which you're tracing James?

제임스를 추적하는 이유를 물어봐도 될까요? O X

3 Do you remember where the reception is located?

접수처가 어디에 있는지 기억하니? O X

4 We are restoring the place where we have an ugly racial history.

우리는 추악한 인종의 역사가 있는 곳을 복원하고 있다. O X

5 That is not supposed to be the way in which she fulfills her duties.

그것이 그녀가 임무를 수행하는 방식이 되어서는 안 된다. O X

6 Let me know the time on which the queen will be aboard our ship.

여왕이 우리 배에 탑승할 시간을 알려줘. O X

7 There is another reason why people do not recognize the high divorce rate.

사람들이 높은 이혼율을 인식하지 못하는 또 다른 이유가 있다. O X

8 I will tell you the way how I arrested people who painted on public property.

내가 공공재산에 페인트를 칠한 사람들을 체포했던 방법을 말해줄게. O X

각 문장의 빈칸에 들어갈 수 있는 단어 또는 어구를 모두 적어서 문장을 완성하세요.

1 He knows the place. + Wild berries grow at that place.

= He knows _____ wild berries grow.

그는 산딸기가 자라는 곳을 알고 있다.

2 She knew the reason. + I was laughing in the corner for that reason.

= She knew _____ I was laughing in the corner.

그녀는 내가 구석에서 웃고 있었던 이유를 알고 있었다.

3 I remember the day. + All the flights were canceled due to a storm on that day.

= I remember _____ all the flights were canceled due to a storm. 나는 폭풍으로 모든 항공편이 취소되었던 날을 기억한다.

4 I admire the way. + He maintains the building that is worth over $3 billion in that way.

= I admire _____ he maintains the building that is worth over $3 billion. 나는 그가 30억 달러의 건물을 유지하는 방법을 존경한다.

5 They invaded the country. + 70 percent of the population were Catholics in that country.

= They invaded _____ 70 percent of the population were Catholics. 그들은 인구의 70%가 천주교 신자인 나라를 침략했다.

LESSON
35
복합 관계사

 A **복합 관계사(명사절)**

whoever, whenever와 같이 관계사와 ever가 합쳐진 단어를 '복합 관계사'라고 합니다. 아래 표에서 볼 수 있듯이 복합 관계사는 복합 관계대명사와 복합 관계부사로 나뉘는데, 관계대명사와 관계부사 각각 하나씩(that과 why) 복합 관계사형이 없습니다.

관계대명사	복합 관계대명사	관계부사	복합 관계부사
who	whoever '누구든'	when	whenever '언제든'
which	whichever '어느 쪽이든'	where	wherever '어디든'
what	whatever '무엇이든'	how	however '어떻든'
that	없음	why	없음

복합 관계사의 가장 중요한 특징은 ①, ②에서처럼 **선행사를 포함**하고 있다는 것입니다. 모든 복합 관계사가 '~든'이라는 의미를 지니는 이유가 바로 anyone, anytime과 같은 선행사를 포함하기 때문이죠.

선행사　관계대명사
① You can choose <u>anyone</u> <u>who</u> you like.

= You can choose **whoever you like**. 명사절
　　　　　　　　　복합 관계대명사
네가 좋아하는 누구든 고를 수 있다.

선행사　관계부사
② You can choose <u>anytime</u> <u>when</u> you want to go.

= You can choose **whenever you want to go**. 명사절
　　　　　　　　　복합 관계부사
네가 가고 싶은 시간은 언제든 고를 수 있다.

①에서는 who와 whoever가 목적격으로 사용되었으므로 각각 whom과 whomever도 가능하지만, 일상 대화에서는 잘 사용되지 않습니다.

> **복합 관계사**
> # 관계사 + ever = '〜든'
> 모든 복합 관계사는 선행사를 포함하고 있음

③에서처럼 관계대명사의 소유격인 whose의 복합 관계사형도 가능합니다.

③ I'm looking for <u>anyone</u> + <u>His</u> sister is a famous actress.

= I'm looking for **whosever sister is a famous actress**. (명사절)
누구든 누나가 유명한 여배우인 사람을 찾고 있다.

---B 복합 관계사(부사절)

위 예문들에서 복합 관계사절은 모두 명사절로 사용되었습니다. ①과 ②에서는 타동사 choose의 목적어, ③에서는 전치사 for의 목적어로 사용되었죠. 복합 관계사절은 ⑤와 ⑥에서처럼 부사절로 사용될 수도 있습니다. 이때는 모두 no matter '〜하든지, 〜한다 할지라도'의 뜻을 가집니다.

⑤ **Whatever** <u>you want to do</u>, it doesn't matter. (부사절)

= **No matter what** you want to do, it doesn't matter.
네가 무엇을 하고 싶든지, 그건 중요하지 않아.

⑥ **However** <u>you're going to do it</u>, do it quickly. (부사절)

= **No matter** how <u>you're going to do it</u>, do it quickly.
네가 어떻게 하든지, 빨리하기나 해.

> **복합 관계사절은 명사절 또는 부사절로 사용될 수 있음**

정답 P. 13

✏️ 빈칸에 들어갈 알맞은 단어를 골라 해석에 맞게 문장을 완성하세요.

1 _____ you say, it's quite convincing.

네가 무엇을 말해도, 그건 꽤 설득력이 있다.

① What   ② Whatever

2 He doesn't know _____ you're dating.

그는 네가 누구를 사귀고 있는지 모른다.

① who   ② whoever

3 Rose touches her ears _____ she feels anxious.

로즈는 불안할 때 그녀의 귀를 만진다.

① when   ② whenever

4 She doesn't listen to _____ grade is lower than hers.

그녀는 성적이 자기보다 낮은 사람의 말은 듣지 않는다.

① whichever   ② whosever

5 A crowd gathers _____ there is a fantastic landscape.

환상적인 풍경이 있는 곳은 어디든 군중이 모인다.

① whenever   ② wherever

6 _____ hard you try, you can't drive nails without a hammer.

네가 아무리 노력해도, 망치가 없으면 못을 박을 수 없다.

① How much   ② However

✏️ 보기의 단어 중 알맞은 단어를 사용하여 문장을 완성하세요. 필요하면 같은 단어를 여러 번 사용하세요.

보기

> whenever, anyone, however, matter, who, what, no, how,
> whoever, wherever, whichever

1 _____ method they choose, I agree with them.

그들이 어떤 방법을 선택하든지, 나는 그들에 동의한다.

2 Our foundation has the right to hire _____ we want.

우리 재단은 우리가 원하는 사람 누구든 고용할 권리가 있다.

3 _____ handsome he is, Jaden is not a famous celebrity.

아무리 잘생겼다 할지라도, 제이든은 유명한 연예인이 아니다.

4 You can go to the sky lounge _____ you want.

너는 원할 때 언제든 스카이라운지에 갈 수 있다.

5 _____ _____ _____ he tells you, don't turn up

the temperature. 그가 뭐라고 하든지, 온도를 높이지 마라.

6 _____ _____ wants to supply guns to secret

revolutionaries is welcome.

누구든 비밀 혁명가에게 총을 공급하고 싶은 사람은 환영이다.

7 This is intended to ensure the accuracy of sounds _____

the instrument is used.

이는 악기가 사용되는 어디에서든 소리의 정확성을 보장하기 위한 것이다.

36

과거완료와 미래완료

A 과거완료와 미래완료

현재완료를 잘 이해하고 있으면 과거완료와 미래완료는 어렵지 않게 배울 수 있습니다. 현재완료 (have+p.p.)에서 have의 과거형인 had를 쓰면 과거완료(had+p.p.)가 되고 have 앞에 will을 사용하면 미래완료(will have+p.p.)가 됩니다. **모든 완료형은 아래 그림과 같이 어느 한 시점부터 그 이후의 다른 시점까지를 나타냅니다.**

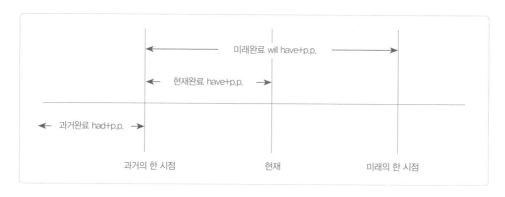

과거완료는 먼저 발생한 과거(=대과거)에서 다음에 발생한 과거까지, 그리고 미래완료는 과거부터 미래까지의 시점을 나타냅니다. 전치사 by(~까지는)가 ❶과 ❷에서처럼 과거완료/미래완료와 자주 사용되는 이유도 '어느 한 시점부터 그 이후의 다른 시점까지'를 나타내기 때문입니다.

❶ By Thursday, I **had already called** him ten times. 과거완료
목요일까지 나는 그에게 이미 열 번 전화했다.

❷ By Thursday, I **will have been** sick for ten days. 미래완료
목요일까지(목요일이 되면) 나는 열흘 동안 아픈 것이 될 것이다.

과거완료(had+p.p.)	미래완료(will+have+p.p.)
먼저 발생한 과거에서 다음에 발생한 과거까지	**과거부터 미래까지**

170

B 과거/미래완료의 용법

과거/미래완료는 현재완료보다 사용빈도가 적습니다. 대과거부터 과거까지 또는 과거부터 미래까지의 상황을 설명해야 하는 경우는 흔치 않기 때문이죠. 과거완료가 미래완료보다는 자주 사용되는데, 과거에 발생한 두 사건의 순서를 정확히 표현해야 할 때가 있기 때문입니다. 예를 들어, Ⓐ와 Ⓑ를 when을 사용하여 하나의 문장으로 합치면 ③에서처럼 과거완료를 사용해야 합니다.

Ⓐ Jaden went to bed at 9:30 p.m.   제이든은 9시 반에 잠자리에 들었다.

Ⓑ I came home at 10 p.m.   나는 10시에 집에 왔다.

③ Jaden had gone to bed **when** I came home.
          과거완료   단순과거
    내가 집에 왔을 때 제이든은 잠자리에 들었었다.

과거에 발생한 두 개의 사건 중 먼저 발생한 것은 과거완료로 표현하고 다음에 발생한 사건은 단순과거로 표현합니다. ③에서 과거완료가 사용된 이유도 내가 집에 오기 전에 제이든이 먼저 잠자리에 들었다는 것을 나타내기 위해서입니다. 만약 ④에서처럼 과거완료를 사용하지 않으면 어떻게 될까요?

④ Jaden went to bed **when** I came home.
          단순과거   단순과거
    내가 집에 왔을 때(=내가 집에 오고) 제이든이 잠자리에 들었다.

④는 ③과 의미가 완전히 다릅니다. ④에서처럼 주절과 when절에 모두 단순과거가 사용되면 내가 집에 오고 제이든이 잠자리에 들었다는 의미가 되기 때문이죠. 그런데 아래에서처럼 사건의 전후 순서를 명확하게 나타내는 before 또는 after를 사용하면 과거완료를 꼭 사용할 필요가 없습니다.

⑤ Jaden had gone to bed **before** I came home.
= Jaden went to bed **before** I came home.
내가 집에 오기 전에 제이든이 잠자리에 들었다.

⑥ I came home **after** Jaden had gone to bed.
= I came home **after** Jaden went to bed.
제이든이 잠자리에 든 후에 내가 집에 왔다.

> **먼저 발생한 사건은 과거완료, 다음에 발생한 사건은 단순과거로 표현**

정답 P. 13

✏️ 다음 중 해석에 맞는 문장을 골라 동그라미 하세요.

1 내년이면 그들은 결혼한 지 4년이 될 것이다.

(a) By next year, they will be married for four years.

(b) By next year, they will have been married for four years.

2 경주에서 패한 뒤, 제인은 자신의 노력이 부족했던 것을 정당화하려 했다.

(a) After she lost the race, Jane tried to justify her lack of effort.

(b) After she lost the race, Jane had tried to justify her lack of effort.

3 그가 내 컨설팅 회사를 방문했을 때 나는 눈살을 찌푸리며 그를 맞았다.

(a) I greeted him with a frown when he visited my consulting firm.

(b) I had greeted him with a frown when he visited my consulting firm.

4 나는 체중 감량 후 체중 증가를 막는 방법을 결국 배우게 되었다.

(a) I have eventually learned how to prevent weight gain after weight loss.

(b) I will have eventually learned how to prevent weight gain after weight loss.

5 정부가 중재하기 전에 그들의 탐욕이 여러 산업을 망쳤다.

(a) Their greed corrupted several industries before the government had mediated.

(b) Their greed had corrupted several industries before the government mediated.

정답 P. 13

🖊 해석에 맞는 문장이면 ○, 틀리면 X에 표시한 후, <u>틀린</u> 문장은 해석과 문법에 맞게 고치세요.

1 The dairy industry is on the decline.

낙농업은 쇠퇴하고 있다.　　　　　　　　　　　　　　○　　X

2 Both companies have ceased to trade coal in 2017.

두 회사는 2017년에 석탄 거래를 중단했다.　　　　　　○　　X

3 We never bumped into each other after we left the pub.

술집을 떠난 뒤, 우리는 결코 서로 마주치지 않았다.　　○　　X

4 This region will have adopted all the plans by the end of the year.

이 지역은 연말까지는 모든 계획을 채택한 것이 될 것이다.　　○　　X

5 Until she had dinner last night, Jane didn't eat anything for ten hours.

어젯밤에 저녁을 먹기 전까지, 제인은 10시간 동안 아무것도 먹지 않은 상태였다.　○　　X

6 Many readers of my column will have guessed that I don't care
about those rumors.　　　　　　　　　　　　　　○　　X

내 칼럼의 많은 독자는 내가 그런 소문에 관심이 없다는 것을 짐작했을 것이다.

7 By next year, his work will have cited more than two hundred
times in geology papers.　　　　　　　　　　　○　　X

내년까지는 그의 연구가 지질학 논문에서 200번 이상 인용된 것이 될 것이다.

LESSON 37 완료진행과 12 시제

A 12 시제

혹시 "영어에는 시제가 현재와 과거 두 개밖에 없다"라는 말을 들어본 적 있나요? 미래는 조동사 will을 사용해서 나타내기 때문에 문법적으로는 과거와 현재 두 개의 시제만 존재한다는 주장입니다. (과거시제는 동사에 –ed를 붙이고 3인칭 단수 현재시제에는 –s를 붙이죠.) 언어학적으로는 맞는 말이지만 영어를 배우는 처지에서는 의미 없는 주장이죠.

그럼 완료형과 진행형은 시제가 아닐까요? 엄밀히 말하면 완료형과 진행형은 시제가 아닌 '상(相)'(= 동작·상태를 보는 관점)이라고 합니다. 학교문법에서는 영어에 12개의 시제가 있다고 하는데 그 이유는 아래 표에서처럼 시제(=과거, 현재, 미래)와 상(=단순, 완료, 진행, 완료진행)을 구분하지 않고 모두 시제로 간주하기 때문입니다.

• 영어의 12 시제

	단순	완료	진행	완료진행
과거	talked	had talked	was/were talking	had been talking
현재	talk/talks	have/has talked	am/are/is talking	have/has been talking
미래	will talk	will have talked	will be talking	will have been talking

**영어의 12 시제는 세 개의 시제(=과거, 현재, 미래)와
네 개의 상(=단순, 완료, 진행, 완료진행)을 결합하여 만듦**

---B 완료진행

시제와 상을 결합하면 현재에서만 ① ~ ④ 에서처럼 네 가지 종류의 시제가 나옵니다.

① He **talks** all day. 단순현재

그는 온종일 말해. (=그는 말이 많아.)

② He **has talked** all day. 현재완료

그는 온종일 말했어.

③ He **is talking** right now. 현재진행

그는 지금 말하고 있는 중이야.

④ He **has been talking** all day. 현재완료진행

그는 온종일 말하고 있는 중이야.

'완료진행'은 완료와 진행을 아래와 같이 합친 것입니다. 의미도 완료와 진행을 합치면 '어느 한 시점 부터 그 이후의 다른 시점까지 계속 ~하는 중'이다가 되겠죠.

완료 + 진행
=
완료진행

➡

have p.p. + **be** –ing
=
have **been** –ing

과거완료진행은 ⑤ 에서처럼 had+been+－ing로 나타냅니다. 먼저 발생한 과거(=대과거)에서 다음에 발생한 과거까지 계속된 상황을 설명할 때 과거완료진행이 사용되죠.

⑤ He **had been talking** all day (when he fainted last night). 과거완료진행

(어젯밤에 기절했을 때) 그는 온종일 말하고 있던 중이었어.

미래완료진행은 ⑥ 에서처럼 will+have+been+-ing로 나타냅니다. 과거부터 미래의 한 시점까지 계속된 상황을 설명할 때 미래완료진행이 사용되죠.

⑥ He **will have been talking** for three hours (if he continues to talk for another ten minutes). 미래완료진행

(10분만 더 말하면) 그는 세 시간 동안 말하고 있는 중이 되는 거야.

> 완료진행
>
> **완료진행(have+been+-ing)은 완료와 진행을 합친 것**

🖋 빈칸에 들어갈 알맞은 단어를 골라 해석에 맞게 문장을 완성하세요.

1 By 2025, 20% of the Amazon forest _____.

2025년까지 아마존 숲의 20%가 사라질 것이다.

① has disappeared   **②** will have disappeared

2 She _____ the basic plot for a year next week.

다음 주가 되면 그녀가 기본적인 줄거리를 1년 동안 쓰고 있는 것이 되는 거야.

① will write   **②** will have been writing

3 She _____ a song to celebrate her flawless victory.

그녀는 완벽한 승리를 축하하기 위해 노래를 불렀다.

① sung   **②** sang

4 The new technology _____ the need for a fuel pump.

그 새로운 기술은 연료 펌프의 필요성을 없앨 것이다.

① will eliminate   **②** will be eliminating

5 They _____ on eliminating waste and controlling costs.

그들은 낭비를 없애고 비용을 통제하는데 주력하고 있는 중이다.

① have been focusing   **②** have focused

6 Dolphins _____ around my fishing boat for half an hour.

돌고래들이 30분 동안 내 어선 주변을 헤엄치고 있었다.

① were swimming   **②** are swimming

정답 P. 13

✎ 보기의 단어를 활용하여 문장을 완성하세요. 필요하면 같은 단어를 여러 번 사용하거나 동사 형태를 바꾸세요.

보기

> has, lead, stand, will, study, have, anticipate, be, share, tap

1 He _____ _____ the screen with his fingers.

그는 손가락으로 화면을 두드리고 있던 중이었다.

2 Several security guards _____ at the front door of the store.

여러 명의 경비원이 가게 정문에 서 있었다.

3 Everyone _____ the desire for unification between these two countries.

모든 사람이 이 두 나라 간의 통일에 대한 열망을 공유한다.

4 Sydney _____ _____ _____ _____ sociology for six years next February.

내년 2월이면 시드니는 6년간 사회학을 공부하고 있는 중이 되는 거야.

5 Google _____ _____ the world in the development of Visual Positioning System (VPS).

구글은 비주얼 포지셔닝 시스템(VPS) 개발에서 세계를 선도해 왔다.

6 We _____ that social networking services will emerge as a crucial means for content distribution.

우리는 소셜 네트워크 서비스(SNS)가 콘텐츠 유통의 중요한 수단으로 부상할 것이라 예상한다.

LESSON 38

법조동사 완료

 A **법조동사란 무엇인가?**

영어의 조동사는 다음 네 가지로 분류됩니다.

| Ⓐ do | Ⓑ be | Ⓒ have | Ⓓ 법조동사 |

Ⓐ do는 의문문과 부정문에 사용되고(Lessons 6 & 7 참고), Ⓑ be는 진행형과 수동태에 사용되며 (Lessons 8 & 23 참고), Ⓒ have는 완료형에 사용됩니다(Lessons 24 & 36 참고). Ⓓ 법조동사는 will, can, may, shall, must와 같은 조동사를 일컫습니다.

'법(mood)'이란 말하는 사람이 자신의 말에 대한 태도(확신/불확신, 희망/명령, 강조/망설임 등)를 나타내는 것을 뜻하는 문법 용어인데, 영어로는 mood(기분)라고 하니 화자의 기분을 표현하는 것을 법이라고 생각하면 쉽겠죠. Lesson 39에서 배우는 가정법의 '법'도 같은 의미입니다. 가정법을 사용해서 확신/불확신을 나타내기 때문에 붙여진 이름이죠.

아래 표는 Lesson 8에서 배운 것인데 must를 제외한 다른 법조동사는 모두 현재형과 과거형이 있습니다.

• **법조동사의 현재형과 과거형**

의미	현재형	과거형
의지 (~할 것이다)	will	would
가능 (~할 수 있다)	can	could
허가 (~해도 된다)	may	might
충고 (~해야 한다)	shall	should
의무 (~하지 않으면 안 된다)	must	Ø

법조동사의 가장 특이한 점은 과거형이 과거를 주로 나타내지 않는다는 것입니다. would와 could는 불확실한 상황을 나타내는 가정법에 주로 사용되거나 **1-1** 과 **1-2** 에서처럼 공손한 표현으로 사용됩니다.

1-1 Would you close the door?   문 좀 닫아 주시겠어요?

1-2 Could you pass me the salt?   소금 좀 건네주시겠어요?

would과 could가 각각 will과 can보다 공손한 표현인 이유는 과거시제가 청자에게 거절할 수 있는 심리적 거리감을 주기 때문입니다.

> **법(mood)**
> ## 화자의 기분을 표현하는 것
> would와 could는 주로 가정법 또는 공손한 표현으로 사용됨

▌must / may / might / should

'm'으로 시작하는 법조동사 must, may, might는 모두 추측을 나타낼 때 자주 사용되는데 must는 강한 추측, may는 must보다 약한 추측, might(또는 could)는 가장 약한 추측을 나타낼 때 사용됩니다.

2-1 He **must** be right. [가장 강한 추측]
그가 정확한 게 틀림없어.

2-2 He **may** be right. [중간]

2-3 He **might** be right. [가장 약한 추측–약한 추측(현재 상황)]
그가 정확할지도 몰라.

shall은 미국영어에서는 관용적인 표현 외에는 사용되지 않습니다. should는 과거형이지만 **3-1** 에서처럼 현재 상황에서 충고할 때 사용되죠.

3-1 You **should** see that movie right now. [충고(현재 상황)]
너는 지금 바로 그 영화 보는 것이 좋을 거야.

B 법조동사의 완료형

과거형 법조동사가 **1-1** would, **1-2** could, **2-3** might, **3-1** should에서처럼 현재 상황을 나타내면 어떻게 법조동사를 사용해 과거 상황을 나타낼 수 있을까요? **3-2** 에서처럼 본동사를 과거형 (saw)으로 할 수는 없습니다. 법조동사 뒤에는 항상 동사원형이 사용되어야 하니까요.

3-2 *You **should saw** that movie yesterday. 〔법조동사+동사원형〕

그럼 본동사의 과거시제 말고 다른 형태로 과거를 나타내야 하는데, **3-3** 에서처럼 과거를 나타낼 수 있는 또 하나의 형태인 완료형(have+p.p.)을 사용하면 됩니다.

3-3 You **should have seen** that movie yesterday. 〔조동사 완료(과거 상황)〕
너는 어제 그 영화를 봤었어야 했어.

마찬가지로 과거 상황의 추측은 **4** 에서처럼 must, may, might 법조동사의 완료형을 사용해서 나타내면 됩니다.

4-1 He **must have been** right yesterday. 〔가장 강한 추측〕
그가 어제 정확했음이 틀림없어.

4-2 He **may have been** right yesterday. 〔중간〕

4-3 He **might have been** right yesterday. 〔가장 약한 추측–약한 추측(현재 상황)〕
그가 어제 정확했을지도 몰라.

'(과거에) ~했었어야 했다'를 학생들은 그냥 should+have+p.p.로 외우고 마는데, 그러면 다른 법조동사 완료형으로 응용할 수 없습니다. 따라서 왜 should+have+p.p.가 그런 뜻을 갖는지 원리를 이해하는 것이 중요하죠.

would와 could의 완료형인 would+have+p.p.와 could+have+p.p.는 주로 가정법에서 사용됩니다. 완료형이므로 과거 상황을 가정할 때 사용되겠죠. 그리고 might/should와 달리 would/could는 ⑤에서처럼 과거시제로 사용될 수도 있습니다.

5-1 I told him to go, but he <u>wouldn't</u>.
그에게 가라고 했는데, 그는 가려고 하지 않았다.

5-2 I <u>couldn't</u> sleep last night.
나는 어젯밤에 잠이 오지 않았어.

> `must` 강한 추측   `may` must보다 약한 추측   `might` 가장 약한 추측
>
> 법조동사 대부분은 과거형이 과거를 나타내지 않으므로 법조동사 뒤에 완료형을 사용하여 과거 상황을 서술함

 **Check Point**

▶ **완료형 법조동사의 의미**

법조동사가 have + p.p.와 쓰이게 되면 과거의 일에 대한 가정, 추측, 후회나 유감 등의 의미를 나타내게 됩니다.

- She **cannot** <u>have been</u> sick. 그녀는 아팠을 리가 없어. (강한 추측)

- They **may** <u>have seen</u> each other before.
그들은 전에 서로 본적이 있었을지도 몰라. (약한 추측)

- I **should** <u>have helped</u> you. 내가 너를 도와 줬어야 했는데. (후회, 유감)

🖊 빈칸에 들어갈 알맞은 단어를 골라 해석에 맞게 문장을 완성하세요.

1 _____ you do me a favor?

제 부탁 좀 들어주시겠어요? (공손한 표현)

① Can   ② Could

2 Lauren _____ our appointment.

로렌이 우리의 약속을 완전히 잊어버린 게 틀림없어.

① must totally forget   ② must have totally forgotten

3 You _____ out of nowhere in the hall.

너는 복도에서 갑자기 튀어나오지 말았어야 했어.

① shouldn't came   ② shouldn't have come

4 _____ you fill out this registration form?

이 등록양식을 작성해 주시겠어요? (공손한 표현)

① Will   ② Would

5 Air pollution disasters _____ Earth's climate.

대기오염 재앙이 지구의 기후를 바꿨을지도 모른다.

① might alter   ② might have altered

6 He _____ quite desperate to remain conscious.

그는 의식을 잃지 않기 위해 꽤 필사적이었을 수도 있다.

① may be   ② may have been

🖉 각 문장을 해석에 맞게 법조동사의 과거형이나 완료형을 사용하여 공손한 표현 또는 과거 상황을 나타내도록 바꿔보세요.

1 Can you arrange accommodations for my guests? (공손한 표현으로)

손님들을 위해 숙소를 좀 마련해주시겠어요?

_____

2 Amir cannot claim possession of the ruined palace.

아미르는 폐허가 된 궁전의 소유권을 주장할 수 없었다.

_____

3 He should save the changes he made on the document.

그는 문서에 변경한 사항들을 저장했었어야 했다.

_____

4 Will you check our departure time again before supper? (공손한 표현으로)

저녁 식사 전에 출발 시각을 다시 확인해 주시겠어요?

_____

5 Many athletes must practice hard to beat this world record.

많은 선수가 이 세계 기록을 깨기 위해 연습을 많이 했음이 틀림없다.

_____

6 The organization might raise funds through commercial loans.

그 단체는 상업대출을 통해 자금을 조달했을지도 모른다.

_____

7 This broadcast must rely heavily on the exit polls in this state.

이 방송은 이 주의 출구조사에 의존했음이 틀림없다.

_____

LESSON 39

조건문과 가정법

A 조건문

다음 중 "내일 비가 오면, 난 집에 있을 거야."를 영어로 맞게 옮긴 문장은 무엇일까요?

❶ If it <u>rains</u> tomorrow, I will stay home.

❷ If it <u>will rain</u> tomorrow, I will stay home.

Lesson 20에서 시간과 조건을 나타내는 부사절에서는 현재시제가 미래시제를 대신한다고 배웠으니 정답은 ❶입니다. ❷는 비문이죠. ❸의 if절도 조건을 나타내는 부사절입니다. 그런데 왜 여기서는 will이 사용되었을까요?

❸ If <u>you'll</u> do the dishes, I'll do the laundry.
   네가 설거지를 하면, 내가 빨래를 할게.

❸의 if절에 will이 사용된 이유는 표현을 공손하게 하기 위해서입니다. 과거시제인 would/could와 마찬가지로, 미래시제인 will도 청자에게 거절할 수 있는 심리적 거리감을 주기 때문에 공손하게 느껴집니다. 반면에 날씨에게는 공손한 표현을 사용할 필요가 없겠죠.

❸에서처럼 if절이 will과 함께 사용되었을 때는 조건보다는 공손한 제안/지시를 나타내는 부사절이라고 하는 것이 맞습니다. ❹의 if절은 박물관 등의 안내원이 자주 하는 말인데, 여기서도 if절은 공손한 제안/지시를 나타냅니다. Please와 의미가 비슷하죠.

❹ If <u>you'll</u> follow me, I'll show you where the treasure is.

   = <u>Please</u> follow me, and I'll show where the treasure is.
   저를 따라오시면, 보물이 있는 곳을 보여드리겠습니다.

> **공손한 제안 또는 지시를 나타내는 if부사절에는 will이 사용됨**

184

--- B 가정법

그리고 많은 문법책이 **①**에는 가정법 현재가 사용되었다고 설명을 하는데, 이건 잘못된 설명입니다. 가정법이란 **⑤** ~ **⑦**에서처럼 **과거형 동사**(단순과거, 과거완료, 법조동사의 과거형)를 사용하여 불확실하거나 사실이 아닌 상황을 가정하는 것을 뜻합니다. **①**에는 과거형 동사가 사용되지 않았으므로 가정법일 수가 없죠.

⑤ If I <u>went</u> to China next week, I <u>would be</u> really happy. 〔미래 상황〕
          단순과거   would+동사원형
다음 주에 중국에 간다면, 정말 행복할 텐데.
(=다음 주에 중국에 못 갈 것 같지만, 간다면 정말 행복할 것이다.)

⑥ If I <u>had</u> more time right now, I <u>would help</u> you. 〔현재 상황〕
         단순과거   would+동사원형
지금 시간이 더 있다면, 도와줄 텐데.
(=시간이 더 없으므로 도와줄 수 없다.)

⑦ If it <u>had rained</u> yesterday, I <u>would have stayed</u> home. 〔과거 상황〕
         과거완료   would+have+p.p.
어제 비가 왔었더라면, 집에 있었을 텐데.
(=비가 오지 않았으므로 집에 있지 않았다.)

⑤ ~ **⑦**에 사용된 시제를 표로 정리하면 다음과 같습니다. 미래 또는 현재 상황은 if절에 단순과거를 사용하고, 과거 상황은 if절에 과거완료를 사용합니다. 그리고 주절에는 will이 사용될 수 없고 would, could, might와 같은 과거형 법조동사가 사용되어야 합니다.

가정법 미래 (= 미래 상황 가정)		가정법 현재 (= 현재 상황 가정)		가정법 과거 (= 과거 상황 가정)	
If절	주절	If절	주절	If절	주절
단순과거	would+동사원형	단순과거	would+동사원형	과거완료	would+ have+p.p.

미래 상황 가정과 현재 상황 가정은 동사의 시제가 같으므로 next week, right now와 같은 부사구 또는 문맥으로 구분해야 합니다. 만약 미래 상황 가정이라는 것을 확실히 하고 싶으면 **8**에서처럼 if절에 were to+동사원형을 쓰면 됩니다.

8 If I <u>were to go</u> to China next week, I <u>would be</u> really happy. 미래 상황
were to+동사원형   would+동사원형
다음 주에 중국에 간다면, 정말 행복할 텐데.

가정법

과거형 동사를 사용하여 불확실하거나 사실이 아닌 상황을 가정하는 것

▮ I wish 가정법

위 예문들에서 볼 수 있듯이 조건문(=if부사절이 포함된 문장)은 가정법과 자주 사용되지만 **1**처럼 가정법이 사용되지 않는 예도 있습니다. 반면에 **9**~**11**에서처럼 동사 wish가 that명사절을 수반할 때는 가정법이 항상 사용되어야 합니다. (동사 뒤에 사용된 종속접속사 that은 생략될 수 있습니다.)

9 I wish (that) you <u>would come</u> back. 미래 상황
*will come
(그럴 확률은 낮지만) 네가 돌아오면 좋을 텐데.

10 I wish (that) I <u>were</u> rich. 현재 상황
*am
내가 부자면 좋을 텐데. (=나는 부자가 아니다.)

11 I wish (that) she <u>had not said</u> that. 과거 상황
*did not say
그녀가 그 말을 하지 않았으면 좋을 텐데.

10에서처럼 **가정법에 사용되는 be동사는 주어와 관계없이 항상 were가 사용됩니다.** (일상회화에서는 was가 사용되기도 합니다.) hope는 wish와 뜻이 같지만, 가정법과 함께 사용될 수 없습니다. 그리고 **12**에서처럼 미래시제 대신 현재시제를 사용해도 됩니다. 일상회화에서는 주로 현재시제를 사용하죠.

12 I hope (that) you <u>will have</u> a good time.

= I hope you <u>have</u> a good time.

좋은 시간이 되기를 바라.

13과 같은 문장은 학생들이 자주 범하는 오류입니다. 문법적으로는 가능하지만, 뜻이 이상한 문장이죠.

13 ?I wish you <u>would</u> have a good time.

(그럴 확률은 낮지만) 좋은 시간이 되기를 바라.

13과 같은 오류를 범하는 이유는 **14**에서처럼 wish가 좋은 희망 사항과 함께 사용될 수도 있기 때문인데 이럴 때는 wish가 수여동사(you = 간접목적어, a happy holiday season = 직접목적어)로 사용되어야 합니다.

14 I wish you a happy holiday season.

좋은 연말연시가 되길 바라.

> ① 가정법에서 be동사는 항상 were가 됨
> ② wish가 that명사절을 수반할 때는 항상 가정법이 사용됨
> ③ hope는 가정법과 함께 사용될 수 없음

 **Check Point**

▶ **as if 가정법**

현재 또는 과거 사실에 대해 반대되는 일을 나타낼 때 쓰는 가정법 표현으로 as if도 쓸 수 있습니다.

● She talks **as if** she <u>knew</u> him very well.
그녀는 마치 그를 잘 아는 것처럼 말한다. (사실은 잘 모름)

● He looks **as if** he <u>had been</u> angry.
그는 마치 화가 났던 것처럼 보인다. (사실은 화가 나지 않았음)

✐ 각 문장이 해석에 맞는 문장이면 O, 틀리면 X에 표시한 후, **틀린** 문장은 해석과 문법에
맞게 고치세요.

1 I wish Iris would say hello to me.

아이리스가 내게 인사하면 좋을 텐데. ○ ✕

2 If you'll follow me, I'll take you to the ambassador's office.

저를 따라오시면, 대사실로 모셔다드리겠습니다. ○ ✕

3 I wish he did not explain the theories of how the universe began.

그가 우주가 어떻게 시작되었는지에 대한 이론을 설명하지 않았으면 좋을 텐데. ○ ✕

4 If you change this wireless mouse, the monitor will function
properly.

이 무선마우스를 바꾸면, 모니터가 올바르게 작동할 거야. ○ ✕

5 We hope that a morally acceptable conclusion would be reached
in this debate.

우리는 이 토론에서 도덕적으로 받아들일 수 있는 결론이 나오기를 바라. ○ ✕

6 If we lose the battle on the east coast, the chances of winning the
war would be very small.

우리가 동해안 전투에서 패배한다면, 전쟁에서 이길 확률은 매우 낮을 것이다. ○ ✕

7 If we caught the 6 o'clock train yesterday, we would have been
able to visit the Statue of Liberty.

우리가 어제 6시 기차를 탔었더라면, 자유의 여신상을 방문할 수 있었을 텐데. ○ ✕

보기의 단어 중 알맞은 단어를 사용하여 해석에 맞게 빈칸을 채워 문장을 완성하세요.
필요하면 같은 단어를 여러 번 사용하거나 동사 형태를 바꾸세요.

> 보기
>
> will, would, could, might, leave, choose, have, do, compose,
> see, had, miss, be, swing

1 I hope you _____ a good sense of humor.

나는 네가 좋은 유머 감각을 갖고 있기를 바라.

2 I wish our flag _____ _____ back and forth.

우리 깃발이 앞뒤로 흔들리고 있으면 좋을 텐데.

3 I _____ appreciate it if you _____ mail this letter for me.

이 편지를 부쳐주실 수 있다면 감사하겠습니다.

4 We wish it _____ possible to visit the steel production facilities.

우리는 철강 생산 시설을 방문하는 것이 가능하기를 바라.

5 If Beethoven _____ alive today, he _____ _____
music for movies.

베토벤이 오늘날 살아있다면, 영화 음악을 작곡할지도 모른다.

6 If you _____ not _____ now, you _____
_____ the last bus to the subway station.

지금 떠나지 않으면, 지하철역으로 가는 마지막 버스를 놓칠 거야.

LESSON 40 강조와 도치

 A 동사의 강조

영어의 기본적인 어순은 '주어+동사+목적어/보어/부사(구)'인데, 강조하고 싶은 것을 문장 앞에 두는 도치를 할 수 있습니다. 물론 동사는 강조를 위해 도치할 수 없습니다. 주어와 도치하면 의문문이 되기 때문이죠. 따라서 동사를 강조하려면 ① ~ ③과 같이 동사 앞에 조동사 do/does/did를 추가해야 합니다. 그리고 do/does/did에 강세를 주죠.

① I **do care** about you. = I **care** about you.
나는 정말 너를 아껴.

② He **does shave** every day. = He **shaves** every day.
그는 정말 매일 면도한다.

③ She **did do** her homework. = She **did** her homework.
그녀는 정말 숙제를 하였다.

조동사 do를 더하는 방법은 의문문과 같습니다(= do/does/did+동사원형). 도치만 하지 않을 뿐이죠. ④에서처럼 조동사 do를 사용해 be동사를 강조하는 것은 불가능합니다. 따라서 be동사를 강조하려면 be동사에 강세를 주고 말하는 방법밖에 없습니다.

④ *I **do am** tired. ➡ I **am** tired.
나는 정말 피곤해.

그런데 be동사가 명령문에 사용되었을 때는 ⑤에서처럼 do를 사용하여 강조할 수 있습니다. ⑥에서처럼 be동사 명령문의 부정문에 Don't를 사용하는 것과 같은 이치죠.

⑤ **Do be** quiet. ➡ **Be** quiet.
제발 조용히 좀 해.

⑥ **Don't be** late. *Be not late.
늦지 마.

190

명령문에서 조동사 do를 사용해 be동사의 강조가 가능한 이유는 평서문에서는 be가 상태를 나타
내지만, 명령문에서는 '~ 해'라는 동작을 나타내기 때문입니다. ⑦에서처럼 진정한 상태를 나타내는
be동사는 명령문으로 사용될 수 없는 것도 같은 이유에서입니다.

⑦ *Be tall.
　키 커.

> be동사를 제외한 모든 동사는 '조동사 do+동사원형' 형태로 강조할 수 있음
> 명령문에 사용된 be동사도 'Do + be'의 형태로 강조할 수 있음

B 목적어/보어의 강조

목적어의 강조는 간단합니다. ⑧에서처럼 목적어만 문장 앞에 두면 되죠.

⑧ Mike's all right, but **Paul** I don't like. = I don't like Paul. [목적어]
　마이크는 괜찮은데 폴은 안 좋아해.

보어를 문두에 두는 것도 문법적으로는 가능하지만, 일상대화에서는 잘 사용되지 않습니다. 무거운
(=긴) 어구를 문미에 두는 것이 좋은데, 보어를 문두로 보내면 ⑨와 ⑩에서처럼 문미에 짧고 별 의미
없는 be동사가 남기 때문이죠.

⑨ **Jaden** his name is. = His name is Jaden. [보어]
　그의 이름은 제이든이야.

⑩ **Right** you are. = You are right. [보어]
　네 말이 맞아. (동의할 때 사용하는 표현)

문어체에서는 보통 ⑪에서처럼 무거운(=긴) 주어를 문미로 보내기 위해 보어를 문두로 옮깁니다. 그리고 주어와 동사도 도치하죠. (⑨에서는 his name과 is를 도치하면 Jaden이 주어로 보이므로 주어·동사 도치가 불가능하고 ⑩에서는 주어 you가 대명사이므로 주어·동사 도치가 불가능합니다. 대명사는 be동사보다 더 가볍고 의미 없는 단어이기 때문이죠.)

⑪ **Gone** are <u>the days when we spent nearly every minute</u>
   <u>together.</u> [보어]　　　　　　　　　무거운(=긴) 주어

　　우리가 거의 모든 순간을 함께 보냈던 날들은 가버렸다.

⑪은 물론 ⑫로 바꿀 수 있습니다. 하지만 무거운(=긴) 것은 가능한 문미에 두는 것이 좋으므로 ⑫보다 ⑪이 더 세련된 문장입니다.

⑫ <u>The days when we spent nearly every minute together</u> are <u>gone</u>.
   　　　　　　무거운(=긴) 주어

> ① 목적어를 강조하기 위해 문두에 둘 수 있음
> ② 보어가 문두에 오는 경우는 주로 주어가 무거운(=긴) 경우임

----C 부사(구)의 강조

부사(구)는 문장의 요소(주어, 동사, 목적어, 보어)가 아니므로 문장에서 자유롭게 위치할 수 있는 것들이 많습니다. 그런 부사(구)가 문두에 온다고 특별히 강조되지는 않겠죠. 그런데 위치·방향을 나타내는 부사(구)는 다릅니다. ⑬에서 next door는 문장의 뜻을 완성하기 위해 꼭 필요한 부사구이죠.

⑬ My brother lives <u>next door</u>.
   　　　　　　위치 · 방향 부사구
　내 동생은 옆집에 산다.

이런 부사구가 ⑭에서처럼 문두에 올 때는 강조가 되고, 주어와 동사도 주로 도치됩니다.

⑭ **Next door** lives my brother. 〔부사구〕
　　　　　　　동사　　　주어

never, little, hardly, rarely, seldom, only와 같이 부정의 뜻을 가진 부사도 ⑮에서처럼 강조를 위해 문두에 위치할 수 있는데, 이때는 어순에 주의해야 합니다. 의문문처럼 주어와 조동사가 도치되기 때문이죠.

⑮ **Never** have I seen such a beautiful house. 〔부정 부사〕
　　　　　　조동사 주어

= I have never seen such a beautiful house.
나는 그렇게 아름다운 집을 결코 본 적이 없어.

> ① 위치·방향을 나타내는 부사(구)가 문두에 올 때는 주어·동사를 도치함
>
> ② 부정 부사가 문두에 올 때는 의문문처럼 주어·조동사를 도치함

 **Check Point**

▶ **강조를 위해 어순을 바꿀 때 기억해야 할 원칙**

　1. 강조를 위해 목적어, 보어, 부사(구)를 문두로 옮길 수 있다.
　2. 무거운(=긴) 것은 문미에 두는 것이 좋다.
　3. be동사와 대명사는 무겁지 않고 별 의미가 없으므로 문미에 두지 않는다.
　4. 어순은 원래 문장의 의미가 변하지 않는 한에서 바뀔 수 있다.

🖊 맞게 강조된 문장이면 〇, 틀리면 X에 표시한 후, **틀린** 문장은 문법에 맞게 고치세요.

1 Into the kitchen ran Jaden.

제이든이 부엌 안으로 달려갔다. 〇 X

2 On the upper deck stood the captain.

선장은 위쪽 갑판에 서 있었다. 〇 X

3 Rarely did she strike him with his fist.

그녀는 그를 좀처럼·주먹으로 때리지 않았다. 〇 X

4 Never I have heard the myth of Dangun.

나는 단군신화를 들어 본 적이 없어. 〇 X

5 I do am sure they just said it to annoy you.

나는 그들이 너를 짜증나게 하려고 그런 말을 했을 것이라고 확신해. 〇 X

6 Committee members do know how to take advantage of your

generosity.

위원들은 정말 너의 좋은 인심을 이용하는 방법을 안다. 〇 X

7 Absolutely incredible was his performance, which amazed

everyone in the theater.

그의 연기는 놀라웠는데, 그 연기는 극장에 있는 모든 사람을 놀라게 했다. 〇 X

8 He does host events to celebrate the anniversary of the

Academy of Medical Sciences every year.

그는 의학학술원의 설립을 기념하기 위해 행사를 매년 주최한다. 〇 X

정답 P. 15

🖊 다음 밑줄 친 단어 또는 어구를 강조하는 문장으로 바꿔보세요.

1 The dragon fell <u>down</u>.　　　　　용이 쓰러졌다.

_____

2 The wolf ran <u>into the den</u>.　　　　늑대는 굴 안으로 달려갔다.

_____

3 <u>Be</u> careful not to step on my feet.　내 발을 밟지 않도록 조심해.

_____

4 I <u>like</u> to look at myself in the mirror.　나는 정말 거울 보는 것을 좋아한다.

_____

5 She <u>went</u> through a hard time in her teens.

그녀는 십대 때 어려운 시기를 겪었다.

_____

6 We have <u>seldom</u> heard Sara speak with such passion and pride.

우리는 사라가 그렇게 열정과 자부심을 품고 말하는 것을 좀처럼 들어본 적이 없다.

_____

7 The pain was <u>so intense</u> that James suddenly fell down with a fit.

통증이 너무 심해서 제임스는 갑자기 발작을 일으키며 쓰러졌다.

_____

불규칙동사표

	원형	과거형	과거분사	
ⓐ	hit let cut put cost	hit let cut put cost	hit let cut put cost	원형 = 과거형 = 과거분사
ⓑ	come become run	came became ran	come become run	원형 = 과거분사
ⓒ	have say make think leave meet strike lead build find win tell stand swing dig	had said made thought left met struck led built found won told stood swung dug	had said made thought left met struck led built found won told stood swung dug	과거형 = 과거분사
ⓓ	do go take see get eat sing ring drive choose speak break	did went took saw got ate sang rang drove chose spoke broke	done gone taken seen gotten eaten sung rung driven chosen spoken broken	원형 ≠ 과거형 ≠ 과거분사